Goedendag!

Eine Freundin aus Köln, die ganz häufig im Süden der Niederlande unterwegs ist, gab mir den Rat, „bezeichne die Niederländer bloß nicht als Holländer, das mögen viele gar nicht". Natürlich bemühte ich mich bei meiner Reise durch unser Nachbarland dann stets um »political correctness« und sprach von Holland nur, wenn jene zwei Provinzen im Westen des Landes gemeint sind. Ein bisschen erstaunt war ich aber schon, als ich feststellte, dass die offizielle Webseite der Niederlande www.holland.com heißt. Dort wird der Unterschied zwischen den Niederlanden und Holland zwar genau erklärt, doch andererseits heißt es: „Entdecken Sie die schönsten Reiseziele Hollands" – und damit sind nicht nur besagte zwei Provinzen gemeint.

»OHNE DEN BALL KANNST DU NICHT GEWINNEN.«

Johan Cruyff, niederländischer Fußballspieler und Funktionär

MALERISCHE GRACHTEN, TOLLE ARCHITEKTUR

Ob Sie nun die Niederlande oder Holland bereisen, Sie werden feststellen, dass Sie in einem Land mit überschaubaren Dimensionen unterwegs sind– von Nord nach Süd sind es gerade mal 300 Kilometer, von Ost nach West nur 180. Dennoch gibt es viel zu entdecken. Allen voran natürlich einmalige Städte und hübsch herausgeputzte kleine Orte. Eines meiner Lieblingsziele weltweit ist Amsterdam. Ich mag die Stadt wegen ihres einzigartigen Grachtengürtels, mittlerweile aber auch wegen der grandiosen neuen Bauten. Hier und in Rotterdam und in Den Haag verwirklichten international bekannte Architekten spektakuläre Großprojekte.

Wer sagt denn, dass es an Hollands Küsten nur im Sommer schön ist? Christian Nowak und Rasso Knoller jedenfalls können auch dem stürmischen Herbst etwas abgewinnen. Fotograf Rainer Kiedrowski war für den Bildatlas dann aber doch lieber bei Sonnenschein unterwegs.

KLEINE PARADIESE IM MEER

Landschaftlich stehen bei mir die Westfriesischen Inseln hoch im Kurs. Unsere Autoren Rasso Knoller und Christian Nowak machten Schiermonnikoog, die östlichste der Westfriesischen Inseln, zu ihrem Topziel (siehe S. 7) – tatsächlich ein herrliches Landschaftsidyll.

Herzlich

Ihre

Birgit Borowski

Birgit Borowski
Redaktion DuMont Bildatlas

100

Mehr Niederlande geht nicht: die Windmühlen von Kinderdijk.

54

Ferienfreuden beim Strandleben auf Texel

22

Kulturelles Flaggschiff der Niederlande: Amsterdams Rijksmuseum

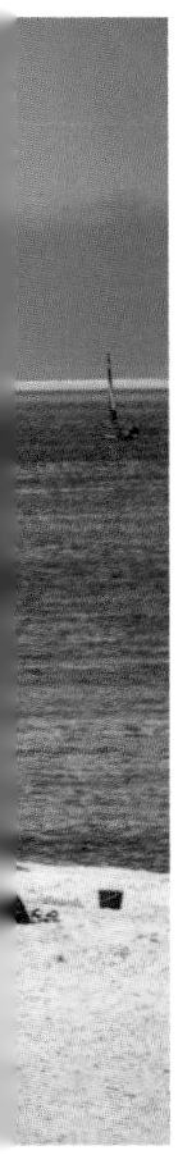

Unsere Favoriten

Ungewöhnlich übernachten
Warum nicht mal im Leuchtturm, im Baumhaus oder in einer Tram nächtigen?

Jeder eine Welt für sich
Die schönsten Märkte der Niederlande bieten alles, was zum Leben gebraucht wird.

Alles andere als langweilig
Was man mit dem Nachwuchs unternehmen kann.

UNSERE
TOP-10

Das Beste erleben

Berührend, aufregend und spannend ...
sind unsere Ideen, die wir für Ihren Aufenthalt
in den Niederlanden zusammengetragen haben.

Hautnah dabei

• 1 •

ZAANSE SCHANS

Im Freilichtmuseum hat man historische Häuser und Windmühlen aus der Umgebung wieder aufgebaut. In einigen davon werden alte Handwerke vorgeführt.
Seite 51

• 2 •

DER KEUKENHOF

Der riesige Blumenpark ist die vielleicht bekannteste Sehenswürdigkeit der Niederlande. Jedes Frühjahr blühen hier Millionen von Tulpen, Narzissen und Hyazinthen.
Seite 113

• 3 •

WINDMÜHLEN VON KINDERDIJK

Typisch Niederlande, die Windmühlen aus dem 18. Jahrhundert – ein Fest für Fotografen. Die UNESCO hat sie zum Weltkulturerbe ernannt.
Seite 114

Große Kunst

• 4 •

RIJKSMUSEUM UND VAN GOGH MUSEUM IN AMSTERDAM

Das weltberühmte Rijksmuseum und das Van Gogh Museum sind die kulturellen Aushängeschilder der Grachtenmetropole, die natürlich auch wegen ihrer einmaligen Altstadt hier aufgelistet werden muss.
Seite 36

• 5 •

ALTSTADT VON HAARLEM

Rund um den Grote Markt finden sich die wichtigsten Sehenswürdigkeiten.
Seite 51

*** 6 ***

ALTSTADT VON MAASTRICHT

Außer Amsterdam kann keine Stadt so viele denkmalgeschützte Bauwerke vorweisen.
Seite 98

*** 7 ***

ALTSTADT VON LEIDEN

Ein Grachtenstadterlebnis ohne den großen Trubel Amsterdams.
Seite 113

*** 8 ***

HAAGER MAURITSHUIS

Hier hängen viele berühmte Gemälde. Am bekanntesten aber ist „Das Mädchen mit dem Perlenohrring" von Jan Vermeer.
Seite 114

Grüne Wunder

*** 9 ***

OOSTVAARDERSPLASSEN

Im größten Tiefland-Riedmoorgebiet Europas brüten und überwintern viele Vogelarten. Auch Rothirsche, Konik-Pferde und Heckrinder leben hier.
Seite 53

*** 10 ***

SCHIERMONNIKOOG

Die östlichste der Westfriesischen Inseln besteht zum Großteil aus Stränden, Dünen und Salzwiesen und steht seit 1988 als Nationalpark unter Schutz.
Seite 67

SYMBOLE DES LANDES

Seit mehr als 700 Jahren trotzen die Niederländer dem Meer Land ab. Sogar eine ganze Provinz – Flevoland – entstand auf diese Weise neu. Mühlen wie die von Kinderdijk wurden gebaut, um das Wasser aus den Poldern abzupumpen, um sie für den Ackerbau nutzbar zu machen. Heute kommen stattdessen riesige Pumpwerke zum Einsatz. Die Mühlen aber drehen sich oft immer noch.

KÄSEKAUF WIE ANNO DAZUMAL

Alkmaar hält den schönsten Käsemarkt im Land ab. Zwar ist er nur noch ein touristisches Sommerspektakel, doch er hält die Zeremonie alter Handelsbräuche am Leben. Auf dem Marktplatz stapeln sich die goldgelben Käselaibe, die Frauen tragen Trachten, die an die legendäre „Frau Antje" erinnern, und kräftige Käseträger flitzen hin und her.

DRAUSSEN AN DER GRACHT

Die Oudegracht ist eine der größten Sehenswürdigkeiten Utrechts – besonders im Sommer, wenn man draußen sitzen kann und Kneipen und Restaurants Gäste anlocken. Ihren eigentlichen Zweck als Transportwege und Entwässerungskanäle haben die Grachten aber längst verloren.

KUNST SATT!

Eine Reise durch die Niederlande führt zu einigen der bedeutendsten Kunstmuseen Europas – vom Rijiksmuseum in Amsterdam bis zum Mauritshuis in Den Haag. Aber auch in den kleineren Städte findet man oft beachtenswerte Werke, etwa im Van Abbemuseum von Eindhoven die Skulptur „Conversation Piece" von Juan Muñoz.

TULPENWAHNSINN

Im 17. Jahrhundert wurden Tulpenzwiebeln zum Spekulationsobjekt – eine einzige konnte so wertvoll sein wie ein Grachtenhaus. Heute werden sie in den Niederlanden massenhaft gezüchtet und exportiert. Und zusammen mit Narzissen, Hyazinthen und Kaiserkronen verwandeln sie Parks wie den Keukenhof in Südholland in ein Blumenmeer.

VOM WASSER GEFORMT

Jahrhundertelang haben sich Sturmfluten ins Land gefressen. Erst lückenlose und ausreichend hohe Deiche konnten dem Meer seinen Schrecken nehmen. Die sind wichtiger denn je, denn weite Landesteile liegen unter dem Meeresspiegel. Und mit ihnen idyllisch und friedlich wirkende Hafenstädte wie Hoorn, wo Traditionssegler im Hafen dümpeln.

UNSERE **FAVORITEN**

Ungewöhnlich übernachten

WARUM NICHT MAL IM LEUCHTTURM?

Ein schönes Zimmer mit großzügigem Bad, Fernseher und gut gefüllter Minibar – das ist touristische Normalkost, von der man nur zu gern einmal abweichen möchte. Die Niederlande bieten viele und auch verblüffend ungewöhnliche Unterkünfte. Hier gibt es einige erfrischende Anregungen, vom nur allzu Bekannten abzuweichen.

3

2

1 Crane Hotel Faralda

Ein Panoramalift bringt die Gäste direkt in eine der drei Luxussuiten „Free Spirit", „Secret" oder „Mystique" in luftiger Höhe. Die Panoramalounge schwebt 15 m über dem Boden, die Suiten 35–50 m – von allen genießt man einen fantastischen Blick über den Amsterdamer Hafen. Mutige können ihren Aufenthalt noch mit einem Bungeesprung von der Kranspitze krönen.

Faralda Crane Hotel, NDSM-Plein 78, NL-1033 WB Amsterdam, Tel. 02 07 60 61 61, http://faralda.com

2 Botel

In Amsterdam säumen Hausboote die Ufer der Grachten. Viele werden auch als Ferienwohnungen vermietet. Einzigartig jedoch ist das Hotelschiff „Botel" auf dem Gelände der NDSM-Werft. In den 175 modernen Kabinen mit Drei-Sterne-Komfort vergisst man nie, dass man auf einem Schiff ist. Im Sommer ist die Sonnenterrasse mit Blick über Fluss und Hafen ein Highlight.

Botel, NDSM-pier 3, NL-1033 Amsterdam, Tel. 02 06 26 42 47, www.botel.nl/de

3 Inntel Hotels Amsterdam Zaandam

Die Fassade des Hotels besteht aus bunten, übereinander gestapelten Häusern, so wie sie früher im Zaangebiet gebaut wurden. Einige stehen sogar auf dem Kopf. Innen besticht das Haus mit Vier-Sterne-Komfort, einschließlich Wellness Club und Pool. In fast allen Zimmern erinnern Schwarz-Weiß-Panoramafotos an die Industriegeschichte der Region. Das Hotel befindet sich neben dem Bahnhof, von dem man Amsterdam in nur zwölf Minuten erreicht.

Inntel Hotels Amsterdam Zaandam, Provincialeweg 102, NL-1506 MD Zaandam, Tel. 07 56 31 17 11, www.inntelhotelsamsterdamzaandam.nl

4 Hotel de Vrouwe van Stavoren

15 000 bzw. 23 000 Liter fasst jedes der vier Weinfässer aus dunklem Holz. Klingt viel, wenn man sie mit Wein füllt, reicht als Hotelzimmer aber gerade für zwei Betten und zwei Nachttische. Wer das Besondere sucht und ein rustikales Ambiente mag, ist hier genau richtig.

Hotel de Vrouwe van Stavoren, Havenweg 1, NL-8715 EM Stavoren, Tel. 05 14 68 12 02, https://hotel-vrouwevanstavoren.nl

5 Controversy Tram Inn

Auf dem Bauernhof von Frank und Irma im nordholländischen Dorf Hoogwoud nordwestlich von Hoorn haben sich mittlerweile einige sonderbare Verkehrsmittel angesammelt, darunter Straßenbahnen, ein Zug, ein MiG-15-Düsenjäger, ein englischer Doppeldeckerbus und sogar ein UFO. Die drei Straßenbahnen und der mexikanische Zug (mit Dachterrasse) wurden zu luxuriösen Apartments für 2 bis 4 Personen. Dann gibt es noch eine Cafeteria im amerikanischen 1950er-Jahre-Stil. Auch im UFO kann man übernachten.

Controversy Tram Inn, Konigspade 36, NL-1718 MP Hoogwoud, Tel. 06 48 37 04 94, www.controversy.nl

6 Het kleine Paradijs

Das kleine Paradies liegt mitten in Friesland, fernab jeder Hektik im Grünen. Hier kann man in luftiger Höhe zwei Baumhäuser mit Komfort mieten, kleine Hütten oder gar eine Kapelle. Außerdem gibt es die Arche für zwei Personen – eine schwimmende Blockhütte inkl. Kanu.

Het kleine Paradijs, Meilahuzen 9, Oosterend, NL-8734 GA Easterein, Tel. 05 15 33 11 36, www.hetkleineparadijs.nl

7 Dromen aan Zee

Der friesische Hafenort Harlingen bietet mit Leuchtturm, Hafenkran und Rettungsboot gleich drei ungewöhnliche Übernachtungsmöglichkeiten. Den größten Luxus genießt man im 1922 erbauten Leuchtturm. Auf drei Etagen unter der Kupferkuppel verteilen sich Bad, Schlafzimmer und Esszimmer – alle mit gleichermaßen grandioser Aussicht. Im Rettungsboot „Lilla Marras" geht es unter Deck recht eng zu, doch auch hier wurde bei der Sanierung nicht mit Luxus gespart. Wer möchte, kann neben der Übernachtung auch eine Fahrt mit dem Boot buchen. Vom Hafenkran, einem nicht zu übersehenden Industriedenkmal in der Nähe des Leuchtturms, ist der Rundumblick fantastisch. Keine Angst, man muss nicht wie der Kranführer früher über eine enge Käfigleiter hinaufsteigen. Zwei Aufzüge machen den Weg zum Bett zu einem Erlebnis.

Dromen aan Zee, Havenweg 1 (Leuchtturm), Dokkade 5 (Kran), Noordhervan 86 im Hafen gegenüber (Rettungsboot), NL-8861 XH Harlingen, Tel. 06 13 34 43 13, www.vuurtoren-harlingen.nl

8 Slaapzand Strandhuisjes

Näher am Meer kann man nicht wohnen. Die Strandhäuschen im seeländischen Domburg stehen nur wenige Meter vom Wasser entfernt, im Rücken hat man die Dünen. Von der Terrasse genießt man den Blick aufs Meer, und wenn das Wetter mal nicht mitspielt, kann man sich alles durch die großen Panoramafenster anschauen.

Slaapsand Strandhuisjes, Schelpweg, NL-4357 RG Domburg, Tel. 06 15 20 63 34, www.slaapzand.nl

Amsterdam

*

GRACHTEN, KUNST UND LEBENSFREUDE

*

Amsterdam ist das mit Abstand beliebteste Reiseziel in den Niederlanden. Die Stadt lockt mit Vertrautem und Überraschendem, bietet entspannten Charme und innovative Kreativität. So stehen Grachtenrundfahrten, Museen und Galerien gleichermaßen auf dem Programm der Besucher.

Der offizielle Auftritt der Grachtenstadt lautet „I amsterdam" – auch vor dem Rijksmuseum am Museumplein.

An der Egelantiersgracht verlockt das Café „t' Smalle“ mit seiner Terrasse direkt am Wasser zur Pause.

In der Fußgängerzone der Kalverstraat nahe dem Dam ist Shopping angesagt – ob niederländisch oder international (links). Alternativ zum Fahrrad lässt sich die Altstadt auch per Pferdekutsche erkunden (rechts).

Bekannteste Brücke Amsterdams ist wohl die Magere Brug. 1691 gebaut, wurde sie 1871 erneuert und verbreitert. Heute dürfen sie nur noch Radfahrer und Fußgänger benutzen.

Die Prinsengracht mit ihren Hausbooten ist die äußerste im Gürtel der großen Grachten. Sie wurde nach dem Prinzen von Oranien benannt.

Zwei Millionen Kilometer legen die Amsterdamer mit dem Fahrrad zurück – pro Tag. Für 60 Prozent aller Einwohner ist das Rad (ndl. „fiets") wichtigstes Verkehrsmittel. Deswegen steht auch das größte Fahrradparkhaus der Welt in Amsterdam – am Hauptbahnhof finden 7000 Drahtesel Platz. Weil es trotzdem eng zugeht, plant die Stadtverwaltung noch mehr Wege und Abstellflächen für Fahrräder – auf Kosten der Autos. Denn die sollen raus aus der Innenstadt. Übrigens mit voller Zustimmung der Einwohner, die sich mit ihrer Pro-Fiets-Haltung mit Recht den Namen Fahrradhauptstadt der Welt verdienen. Und so stimmt es auch, wenn auf der Webseite des holländischen Fremdenverkehrsamtes steht: „Die Niederländer und ihre Fahrräder sind unzertrennlich. Ein Fahrrad ist kein Transportmittel, es ist ein Lebensgefühl." Und es ist das perfekte Fortbewegungsmittel auch für die Besucher der Stadt. Besonders in der Innenstadt, in der die engen Gässchen und vielen Grachten das Vorankommen mit dem Auto ohnehin beschwerlich machen.

SCHMALE HÄUSER, NIEDRIGE STEUERN

Der Amsterdamer Grachtengürtel entstand im frühen 17. Jahrhundert, als die Stadt immer schneller wuchs und man mehr Platz brauchte. Land musste urbar gemacht werden. Gräben dienten zunächst dazu, das Sumpfgebiet zu entwässern und bewohnbar zu machen, später dann benutzte man sie als Transportwege. Entlang der Grachten ließen sich vor allem Kaufleute und wohlhabende Bürger nieder. Und so konnten ihnen die Waren per Schiff an die Haustür geliefert werden. Die Häuser, die auf dem trocken gelegten Land gebaut wurden, waren zur Gracht hin, wo der Platz knapp war, meist extrem schmal. Je schmaler man baute, desto weniger Steuern waren fällig – die wurden nämlich nach der Breite des Hauses berechnet. Um den notwendigen Wohn- und Lagerraum zu schaffen, baute man eben lang und hoch.

Der Montelbaanstoren wurde 1516 an der Oude Schans als Wachturm für die damaligen Hafenanlagen errichtet.

In die Stadtwaage Am Nieuwmarkt ist heute ein Restaurant eingezogen (oben). Im Begijnhof am Nieuwezijds Voorburgwal lebten früher fromme Frauen (unten).

1665 auf 13 659 Pfählen errichtet, spiegelte das einst größte Rathaus Europas den Reichtum der niederländischen Handelsnation. Heute dient es als Königlicher Palast.

Weil die Fronten so schmal sind, war (und ist) es mühsam bis unmöglich, Waren oder auch Möbel durch die engen Treppenaufgänge ins Haus zu bringen. Wer hinaufschaut zu den Giebeln von Amsterdam, erkennt dort die Lösung für das Problem. Über den Lastenhaken wurde alles, was zu schwer oder zu breit war, um durch die Tür ins Haus zu gelangen, mit einem Flaschenzug in die oberen Stockwerke gehievt. Auffällig ist auch, dass viele Fassaden leicht nach vorne geneigt sind. Das ist so gewollt: So gewann man zusätzliche Fläche in den oberen Stockwerken, und es fiel leichter, den Lastenaufzug zu bedienen. Bis heute prägen Giebelvariationen aus vier Jahrhunderten die Altstadt – Treppengiebel, Schnabelgiebel, Halsgiebel, Glockengiebel und Leistengiebel sind besonders häufig zu sehen. Ein jeder war zu einer anderen Zeit modern, und so lässt sich allein am Giebel festmachen, wann ein Haus erbaut wurde – der besonders leicht zu erkennende Treppengiebel etwa weist auf ein Baujahr zwischen 1580 und 1665 hin.

Die Grachten waren aber nicht nur Transportwege, in sie flossen auch die ungeklärten Abwässer. Entsprechend lag eine unappetitliche Dunstwolke über Amsterdam, waren die Kanäle ein ständiger Herd für Krankheiten. Es half nur bedingt, dass einmal täglich die Schleusen geöffnet und das schmutzige Wasser ins IJsselmeer gespült wurde. Auch um der Keime Herr zu werden, schüttete man im 19. und 20. Jahrhundert etwa 70 ungenutzte Grachten einfach zu. Heute tut das den Stadtvätern natürlich leid, denn es fließt schon lange kein Abwasser mehr in die Kanäle. Sie sind vielmehr zum Aushängeschild der Stadt geworden, locken Touristen von nah und fern nach Amsterdam und haben der Stadt

»AMSTERDAM IST DIE PERLE ALLER STÄDTE.«

Das Van Gogh Museum ist eines der drei kulturellen Schwergewichte am Museumplein und zeigt die größte van-Gogh-Sammlung der Welt: rund 200 Gemälde und 400 Zeichnungen des Spätimpressionisten.

»DU SIEHST, WAS ICH GEFUNDEN HABE: MEINE ARBEIT; UND DU SIEHST AUCH, WAS ICH NICHT GEFUNDEN HABE – ALLES ÜBRIGE, WAS ZUM LEBEN GEHÖRT.«

Vincent van Gogh (1853–1890)

den Titel UNESCO-Weltkulturerbe verschafft. Deswegen gibt es auch immer wieder mal Pläne, die alten Grachten neu zu beleben. Bisher scheiterte das aber am klammen Stadtsäckel.

Fast 1300 Brücken überspannen die Grachtenlandschaft, die als „Venedig des Nordens" gerühmt wird. Als Äquivalent zu den Gondeln müssen dann wohl die für Amsterdam so typischen Rundfahrtboote mit dem Glasdach dienen. Die sind extrem flach, um die alten Brücken passieren zu können.

DIE HAUPTSTADTFRAGE

Gut 921000 Einwohner zählt die holländische Hauptstadt, in Groot-Amsterdam, zu dem auch die Städte im Speckgürtel zählen, leben gut 1,4 Millionen Menschen. Apropos Hauptstadt – die Frage „Amsterdam oder Den Haag?" ist eine harte Nuss für Quizshows und war bis 1983 nicht eindeutig zu beantworten. Vor 1815 war alles klar, bis dahin war in der Verfassung festgelegt, dass die Krönung und Vereidigung des Königs in „der Hauptstadt Amsterdam" stattfinden soll. Dann fügten die europäischen Herrscher auf dem Wiener Kongress die südlichen Niederlande, das heutige Belgien, dem Königreich hinzu. Deswegen änderte man die Verfassung, und dabei verschwand auch die Festschreibung von Amsterdam als Hauptstadt aus dem Verfassungstext. Um die Belgier nicht zu verärgern, legte man fest, dass der Hauptstadttitel im zweijährigen Wechsel zwischen Brüssel und Amsterdam hin- und herwandern sollte. Als Belgien nach der Revolution von 1830 unabhängig wurde, wurde Amsterdams Hauptstadtstatus nicht wieder in der Verfassung festgeschrieben. Offensichtlich war das auch lange Zeit kein wirkliches Problem – denn Regierung und Königshaus saßen ohnehin in Den Haag. Erst zur 700-Jahr-Feier Amsterdams im Jahr 1975 nahm die Diskussion um den Hauptstadtstatus Fahrt auf. Genau genommen ist Amsterdam erst wieder seit 1983 die „verfassungsrechtliche Hauptstadt" des Landes, denn seither wird Amsterdam im Artikel 32 der Verfassung wieder ausdrücklich als „Hoofdstad" bezeichnet. Der Regierungssitz liegt aber unverändert 60 Kilometer südlich von Amsterdam in Den Haag.

KUNSTRAUM AMSTERDAM

Vielleicht konnten sich die Amsterdamer auch deshalb den Ruf erwerben, besonders lässig und tolerant zu sein, weil die Regierenden nicht dauerhaft in ihrer Stadt wohnten. Und vielleicht hat sich Amsterdam deswegen auch zu einer Stadt der Kunst und Kultur entwickelt.

Das Rijksmuseum (links und unten) ist das Schatzkästchen der Nation. Hier sind die großen Meister des Goldenen Jahrhunderts zu sehen. Natürlich auch Rembrandts „Nachtwache".

Das Concertgebouw ist die Nummer eins unter den etwa 50 Konzerthallen der Stadt und eine der bestbesuchten der Welt (oben links). Die vor dem Schifffahrtsmuseum vertäute „Amsterdam", ein Nachbau eines 1749 vor England gesunkenen VOC-Dreimasters, erinnert an die Zeiten, als im Amsterdamer Hafen unzählige Ostindienfahrer festmachten. Der Nachbau kam durch den Einsatz vieler Freiwilliger, darunter auch Arbeitslose, zustande (unten links).

Am Leidseplein schaut das legendäre „Café Americain", ein Jugendstil-Schmuckstück, zur Singelgracht (rechts). Der Zeedijk ist seit jeher Vergnügungsmeile mit vielerlei Angeboten – zu der auch das kleine Restaurant und Café „Latei" gehört (unten links).

Die Warmoesstraat, eine der ältesten Straßen Amsterdams, gehört zum „roten" Nachtleben.

Der Vondelpark ist Amsterdams beliebtes Naherholungsgebiet. Kein Wunder, er liegt mitten in der Stadt.

Flaggschiff des Stadtteils Noord ist das spektakuläre EYE mit Kinosälen, Ausstellungsflächen und einem Restaurant mit Traumblick.

»IN ROTTERDAM WIRD DAS GELD VERDIENT UND IN AMSTERDAM UNTER DIE LEUTE GEBRACHT.«

Niederländisches Sprichwort

Die Museen der Stadt zählen zum Besten, was man weltweit finden kann. Ihre Sammlungen brauchen die Konkurrenz aus London, Paris oder New York nicht zu fürchten. Das Rijksmuseum beispielsweise besitzt mehr als sieben Millionen Kunstwerke, von denen Rembrandts „Nachtwache“ das bekannteste ist. Im Stedelijk Museum kümmert man sich um moderne und zeitgenössische Kunst. Die Liste der Künstler, deren Werke hier ausgestellt werden, ist lang und enthält berühmte Namen wie Mondrian, Matisse, Miró, Picasso und Kirchner. Und im Van Gogh Museum ist die weltweit größte Ausstellung von Gemälden dieses genialen Malers zu sehen.

Kunst findet in Amsterdam aber auch im Stadtraum statt. Sei es auf der künstlichen Insel – Java-Eiland –, auf der ein ganzes Stadtviertel in beeindruckender postmoderner Architektur entstand, oder im Stadtteil Noord, wo ein Industrieareal fantasievoll umgestaltet wird. In den alten Werfthallen haben Künstler eine neue Heimat gefunden, manche von ihnen leben und arbeiten auch in ausrangierten Straßenbahnen oder auf alten Schiffen, die, nicht mehr seetüchtig, allemal als Kreativzone taugen.

Wo sich Künstler niederlassen, dauert es nicht lange, und Cafés und Kneipen folgen. Deswegen ist Noord inzwischen Konkurrenz für die etablierten Ausgehviertel im Zentrum und im Jordaan. Zudem hat der Gast in Noord den Vorteil, meist direkt am Wasser zu sitzen. Das „Pllek“ hat sogar einen eigenen Strand. Von außen sieht der Container, der als Gastraum dient, nicht besonders einladend aus, drinnen trifft man aber auf eine gelungene Mischung aus Bar und Restaurant, und zum Wasser hin sorgen Liegestühle für Urlaubsatmosphäre.

UND NATÜRLICH TULPEN

Die Stadt bietet aber nicht nur Überraschendes, sondern auch genau das, was man von ihr erwartet. Beispielsweise „Tulpen aus Amsterdam“. Die Holländer exportieren ihre Blumen nicht nur, sie kaufen und verschenken sie auch selbst. Und deswegen hat jede Stadt ihren eigenen farbenfrohen Blumenmarkt. In Amsterdam schwimmt einer davon auf dem Wasser. An der Singelgracht verkauft man Pflanzen und Blumen vom Boot herunter. Tulpen gibt es in allen Farben – von Rot bis Schwarz. Bei so viel Tulpeneuphorie ist es logisch, dass es in Amsterdam auch ein entsprechendes Museum gibt. Das liegt im Szeneviertel Jordaan und erzählt natürlich auch vom großen Tulpenwahn des 17. Jahrhunderts, als ein paar Tulpenzwiebeln so viel kosteten wie ein ganzes Haus.

Fußball

RIVALEN AUF GRÜNEM RASEN

Cruyff, Gullit, van Basten und Robben sind Namen, die die Herzen eines jeden Fußballfans höher schlagen lassen. Trotzdem blicken die Fußballnationen Niederlande und Deutschland auf lange Jahre tiefer gegenseitiger Abneigung zurück.

Rivalität bereits in der U21-Jugend: Lewis Holtby (links) und Kevin Strootmann 2013 bei der Europameisterschaft in Israel.

Die Spuckattacke von Frank Rijkaard auf Rudi Völlers Dauerwelle, im Achtelfinale der Weltmeisterschaft 1990, stand lange Zeit als Symbol für das angespannte Verhältnis der beiden großen Fußballnationen. Als „90 Minuten Hass" beschreibt der britisch-niederländische Sportjournalist Simon Kuper die Duelle der beiden Nationalmannschaften. Begonnen hat die Fußballfeindschaft zwischen Deutschland und dem ewigen Außenseiter Niederlande lange vor 1990. Immer wieder waren die beiden Mannschaften bei großen Turnieren aufeinandergetroffen, und meist hatten dabei die Niederländer den Kürzeren gezogen. Besonders schmerzhaft war die Niederlage 1974 im Weltmeisterschaftsfinale in München. Nicht nur, weil die Oranjes damals eigentlich die bessere Mannschaft waren, sondern weil – so zumindest die niederländische Lesart – dem vorentscheidenden Elfmetertor durch Paul Breitner eine „Schwalbe" von Bernd Hölzenbein vorausging. Lange Jahre galt: Die Deutschen spielen erfolgreich, die Niederländer schönen „totaalvoetbal" – und so hatte jede Fangruppe etwas, auf das sie beim anderen Team neidisch blicken konnte. Weil Zauberer auf dem Feld, aber nun mal beliebter sind als Handwerker, flogen der „Elftal" weltweit die Herzen zu, während sich Deutschland mit dem Respekt der Gegner, erkämpft durch (oft weniger ansehnliche) Erfolge, zufriedengeben musste. Vermutlich hätten die Holländer gerne getauscht, denn in großen Spielen waren sie meist zweiter Sieger. Bei den Weltmeisterschaften 1974, 1978 und 2010 verloren die Niederlande im Finale, 2014 schied man im Halbfinale aus, 2018 hat man sich erst gar nicht qualifiziert.

ENDLICH EIN SIEG

Nur ein einziges Mal durften die Niederlande eine Trophäe in die Höhe stemmen. 1988 brachten sie den Europameistertitel nach Hause. Wichtiger noch als der Titelgewinn war, dass man im Halbfinale Deutschland besiegte – mit dem Zusatzbonus, dass der Erzfeind Gastgeber der Endrunde war. Der 21. Juni, der Tag des Siegs gegen Deutschland, wurde zum Jubeltag

Beim Spiel Deutschland gegen die Niederlande der Fußball-Europameisterschaft 1988: Rudi Völler und Frank Rijkaard in inniger Umarmung (links). Marco van Basten und der Pokal: Team Oranje bei der Siegerehrung als Europameister 1988 (rechts).

für eine Nation. Die ganzen Niederlande standen damals kopf, das Land versammelte sich zu einem spontanen Karneval auf den Straßen. Der Endspielsieg vier Tage später gegen die Sowjetunion war dann nur noch schmückendes Beiwerk. Damals war die gegenseitige Antipathie auf dem Höhepunkt. Der Sieg gegen den Erzrivalen war für viele Niederländer so etwas wie die späte Rache für die Besetzung ihres Landes durch Nazideutschland im Zweiten Weltkrieg. Der Lyriker Julian Deelder brachte es in einem umstrittenen Gedicht auf den Punkt und dichtete auf das Siegtor von Marco van Basten die Zeilen: „Und unsere Gefallenen stiegen jubelnd aus ihren Gräbern."

DER ERSATZRIVALE

Völler und Rijkaard haben sich übrigens wieder versöhnt. In einem Werbespot für eine Molkerei saßen sie einträchtig am Frühstückstisch und erklärten, dass „alles in Butter" sei. So sieht es gegenwärtig auch mit der deutsch-niederländischen Fußballfreundschaft aus. Vielleicht liegt es auch daran, dass die große Fußballnation Deutschland schon seit Jahren schwächelt, was die Niederländer mit einer gewissen Genugtuung zur Kenntnis nehmen. Bei der Weltmeisterschaft 2022 in Katar verloren die Niederlande erst im Viertelfinale gegen den späteren Weltmeister Argentinien, während wir nach einer blamablen Vorrunde früh nach Hause fahren mussten.

Maßstab 1:17.000
0
300m
NOORD
JORDAAN
CENTRUM
Centraal Station
HET IJ
Oosterdok
DE PIJP
OUD-
ZUID
Nieuwmarkt
Waterlooplein
Weesperplein
Vijzelgracht
Rokin
Dam
Wibautstr.
De Pijp
IJ-TUNNEL
EYE Film Institute
Twenty4Amsterdam
Muziekgebouw aan 't IJ
Passagiers Terminal Amsterdam
NEMO
Scheepvaart-museum
Stedelijk Museum
Rijksmuseum
Heineken Experience
Max Euwe-Centrum
Amstel
Singel
S100
S112
S110
S108

VENEDIG DES NORDENS

Ein malerischer Grachtengürtel, der zum UNESCO-Weltkulturerbe zählt, einige Tausend Baudenkmäler und Museen von Weltrang machen Amsterdam zu einem der beliebtesten Reiseziele Europas. Nicht minder anziehend ist das multikulturelle, tolerante Flair der Stadt.

Allgemein

Mit 921 000 Einw. aus über 180 Nationen ist Amsterdam die größte Stadt der Niederlande und seit einer Verfassungsänderung von 1983 auch (wieder) offizielle Hauptstadt. Regierungssitz und Königsresidenz befinden sich jedoch in Den Haag. Ihren Namen verdankt die im 12. Jh. entstandene Stadt einem Damm im Flusslauf der Amstel. Um 1600 begann das Goldene Zeitalter, die Niederlande wurden zu einer der bedeutendsten Handelsmächte der Welt – und Amsterdam profitierte vom lukrativen Kolonialhandel.

INFORMATION
I amsterdam Store,
De Ruijterkade 28b-d, 1012 AA Amsterdam
(im Hauptbahnhof),
www.iamsterdam.com

Amsterdam, ein Hausbootparadies: Prinsengracht (links); die Westerkerk mit ihrem Turm (rechts oben); Hof im Jordaan (rechts unten)

Sehenswert

OUDE CENTRUM
Am Westrand der **Altstadt TOPZIEL** bildet der 1 **Dam** das Herz der Stadt; der älteste Marktplatz entstand 1270 über einer Schleusenanlage. Der Obelisk des **Nationaldenkmals** erinnert an die Opfer des Zweiten Weltkriegs. Auf der Südseite des Platzes liegt das Wachsfigurenkabinett von **Madame Tussauds** (Dam 20, www.madametussauds.com; Kernzeit tgl. 10.00 bis 20.00 Uhr). Gegenüber prunkt der Mitte des 17. Jh. urspr. als Rathaus errichtete **Königliche Palast;** wenn die königliche Familie anwesend ist, kann der klassizistische Prachtbau nicht besichtigt werden, ansonsten lohnt sein Inneres vor allem wegen des eindrucksvollen Bürgersaals einen Besuch (Koninklijk Paleis, www.paleisamsterdam.nl; 10.00–17.00/18.00 Uhr an Tagen ohne königliche Veranstaltungen). Die spätgotische **Nieuwe Kerk** ist die Krönungs- und Hochzeitskirche des holländischen Königshauses, sonst dient sie Kunstausstellungen und Orgelkonzerten (https://oudekerk.nl; tgl. 10.00–18.00, Do. 10.00–20.00 Uhr). Amsterdams älteste Kirche, die 2 **Oude Kerk,** wurde im späten 13. Jh. erbaut (heutiger Bau 14. Jh.); in ihrem Inneren befinden sich rund 2500 Gräber, darunter auch das der Ehefrau Rembrandts (www.oudekerk.nl; Mo.–Sa. 10.00 bis 18.00, So. 13.00–17.30 Uhr). Von ihrem Westturm genießt man einen Blick über die Stadt (April–Okt. Mo.–Sa. 12.00–18.00 Uhr). Die Kirche ist Veranstaltungsort für Konzerte und Ausstellungen meist moderner Kunst.

GRACHTENGÜRTEL
Zu den schönsten von Amsterdams noch 165 Grachten gehören die drei parallel verlaufenden Wasserwege 9 **Herengracht,** 10 **Keizersgracht** und 11 **Prinsengracht.** Im 1607 bis 1678 errichteten 19 **Het Grachtenhuis** erfährt man alles über die Entstehung des Grachtengürtels im 17. Jh. (Herengracht 386, https://grachten.museum; Mo. 12.00–17.00, Di.–So. 10.00–17.00 Uhr). In der 24 **Westerkerk,** Amsterdams größter Kirche im Renaissancestil (bis 1631), wurde 1669 der Maler Rembrandt von Rijn begraben. Glockenspiel und Orgel sind bemerkenswert. Bekannter als die Kirche selbst ist ihr 85 m hoher aussichtsreicher Turm – auch „Langer Jan" genannt (Prinsengracht 279; Kirche: April–Sept. Mo.–Fr. 11.00–15.00 Uhr, der Turm ist voraussichtlich bis Ende 2024 wegen Renovierung geschl.). In den 20 **9 Straatjes,** neun kleinen Handwerkerstraßen zwischen den Vorzeigegrachten, haben sich viele Geschäfte, Galerien und Cafés angesiedelt (https://de9straatjes.nl).

AUSSERHALB DES GRACHTENGÜRTELS
Westlich der Prinsengracht liegt das mittlerweile sehr gefragte Kiezviertel 25 **Jordaan** mit engen Gassen, trendigen Geschäften, Restaurants und Cafés. Einst war es das Viertel der Arbeiter, Handwerker und Dienstboten und bot bis ins 20. Jh. schlimmste Wohnbedingungen. Im Wissenschaftszentrum 5 **NEMO** im alten Hafen können Kinder und Junggebliebene nach Herzenslust experimentieren. Das von Renzo Piano entworfene Gebäude mit der grünen Kupferfassade wirkt wie ein aus dem Wasser ragender Schiffsbug (Oosterdok 2, www.nemosciencemuseum.nl; April–Sept. tgl. 10.00 bis 17.30, sonst Di.–So. 10.00–17.30 Uhr. Zugang zur Dachterrasse frei). Im 7 **Hortus Botanicus,** dem aus einem Heilkräutergarten des 17. Jh. entstandenen Botanischen Garten, werden rund 4000 Pflanzenarten kultiviert, in den Ge-

wächshäusern auch solche aus den Tropen und Wüsten der Erde. Für eine entspannende Pause eignet sich das Café in der Orangerie (Plantage Middenlaan 2a, www.dehortus.nl; tgl. 10.00–17.00 Uhr). Am 8 **Rembrandtplein** warten viele Restaurants und Cafés auf Besucher, die natürlich auch einen Blick auf die lebensgroßen Bronzeskulpturen werfen, die Rembrandts Bild „Die Nachtwache" zeigen und 2006 zum 400. Geburtstag des Malers aufgestellt wurden.
Das erste Heineken-Bier wurde 1867 in Amsterdam gebraut. Wo bis 1988 das Stammhaus der Brauerei war – heute wird am Stadtrand produziert –, ist 12 **Heineken Experience** zu finden, das multimedial die Geschichte der Brauerei und die Geheimnisse des Bierbrauens erläutert (Stadhouderskade 78, www.heineken experience.com; So.–Do. 10.30–19.30, Fr., Sa. bis 21.00 Uhr).

Museen

KUNSTMUSEEN

Das staatliche 13 **Rijksmuseum TOPZIEL** gehört zu den größten Museen der Welt. Wer alles sehen möchte, hat 80 Säle vor sich. Beginnen sollte man mit der Ehrengalerie, wo Rembrandts monumentale „Nachtwache" zu bewundern ist. Danach kann man sich dann Vermeer, van Dyck und der Sammlung antiker Gegenstände widmen (Museumstraat 1, www.rijksmuseum.nl; tgl.9.00–17.00 Uhr). Der weltweit wahrscheinlich populärste Künstler wird im 14 **Van Gogh Museum TOPZIEL** gewürdigt. Auf drei Stockwerken sind in chronologischer Abfolge 200 Gemälde und 500 Zeichnungen von ihm zu sehen; aber auch seine Zeitgenossen und van Goghs Arbeitsweise werden beleuchtet (Museumplein 6, www.vangoghmu seum.nl; März–6. Okt. tgl. 9.00–18.00, sonst bis 17.00 Uhr).). Das 14 **Stedelijk Museum** gibt einen Überblick über die Kunstströmungen vom 19. bis zur Mitte des 20. Jh. Wechselnde Ausstellungen widmen sich Hochkarätern von Monet bis Picasso, Cézanne bis Renoir, von

Tipp

Eintritt frei!

Mit der I Amsterdam City Card kann man alle öffentlichen Verkehrsmittel nutzen, hat Eintritt zu Amsterdams beliebtesten Museen und Attraktionen und kann eine Kanalrundfahrt unternehmen.

INFORMATION
Die City Card ist bei I Amsterdam und weiteren Verkaufsstellen, auch in Hotels und im Voraus online bei www.iamsterdam.com erhältlich: 24 Std. (60 €), 48 Std. (85 €), 72 Std. (100 €) und 96 Std. (115 €).

Im „Café Americain" (links); kultureller Aufbruch in Noord: NDSM-Plein (rechts oben); Wissenschaftszentrum NEMO (rechts unten).

amerikanischer Pop-Art bis zu aktueller britischer Kunst. Auch Werke von Andy Warhol, Kandinsky, Jeff Koons und Jean Tinguely sind neben vielen anderen vertreten (Museumplein 10, www.stedelijk.nl; tgl. 10.00–18.00 Uhr).

SONSTIGE MUSEEN

Wer sich für die Vergangenheit, Gegenwart und Zukunft der Stadt interessiert, sollte dem 23 **Amsterdam Museum** einen Besuch abstatten (Amstel 51, www.amsterdammuseum.nl; tgl. 10.00–17.00 Uhr).
Mehr als zwei Jahre versteckte sich Anne Frank mit ihrer Familie in einem Hinterhaus an der Prinsengracht 263. Doch die Familie wurde verraten und in Konzentrationslager deportiert. Annes Tagebuch ist weltberühmt und wurde zur Vorlage für Filme, Dramen und Hörspiele. Das 24 **Anne Frank Huis** bietet historische Dokumente und Hintergrundinformationen (Westermarkt 20, www.annefrank.org; tgl. 9.00 bis 22.00 Uhr. Achtung: Tickets müssen online im Vorverkauf erworben werden).
Der monumentale Bau, in dem das 6 **Het Scheepvaartmuseum** untergebracht ist, diente früher als Marinearsenal. Hier werden 500 Jahre maritime Vergangenheit beleuchtet, u. a. mit Schiffsmodellen und Navigationsinstrumenten. Vor dem Museum kann der Nachbau des Dreimasters „Amsterdam"besichtigt werden, eines 1749 vor England gesunkenen Ostindienseglers (Kattenburgerplein 1, www.hetscheepvaartmuseum.nl; Di.–So. 10.00–17.00 Uhr).

Einkaufen

21 **De Kaaskamer van Amsterdam** bietet 400 verschiedene Käsesorten (Runstraat 7, www.kaaskamer.nl; Mo. 12.00–18.00, Di.–Fr. 9.00–18.00, Sa. 9.00–17.00, So. 12.00–17.00 Uhr). Im neugotischen Gebäude der früheren Hauptpost (bis 1899) verlockt heute das 22 **Magna Plaza Shopping Center** mit einer großen Auswahl vor allem für Mode und Schmuck (Nieuwezijds Voorburgwal 182, www.magna plaza.nl; tgl. 10.00–21.00 Uhr). Nur ein paar Schritte weiter liegt am Dam **De Bijenkorf** (Bienenkorb; www.debijenkorf.nl), das um 1910 errichtete bekannteste Warenhaus der Stadt.

Erleben

RUNDFAHRTEN

Klassiker ist die einstündige 3 **100-Highlights-Rundfahrt** durch die Grachten der Stadt ab dem Holland International Rundfahrtpier (Damrak, Pier 5, www.stromma.com; tgl. 9.00–18.00 Uhr, alle 30 Min.).

ERHOLUNG

Der nach dem Nationaldichter Joost van den Vondel benannte 16 **Vondelpark** (fast 50 ha) ist eines der beliebtesten Naherholungsgebiete der Stadt. Der Park animiert zum Radfahren, Joggen, Spazierengehen oder Picknicken. Auf drei Open-Air-Bühnen gibt es immer etwas zu sehen, und die beiden Restaurants laden zu Pausen ein. In den umliegenden Straßen locken Flagship-Stores der internationalen Elite.

NACHTLEBEN

Um den 18 **Leidseplein** verteien sich Kinos, Theater, Hotels, Restaurants, Kneipen und Bars für jeden Geschmack.

AMSTERDAMS ZENTRUM BIETET SEINEN BESUCHERN NAHEZU 9000 BAUDENKMÄLER.

THEATER UND MUSIK

Liebhaber klassischer Theater- und Ballettaufführungen zieht es ins **Internationaal Theater Amsterdam** am Leidseplein (https://ita.nl). Das ⑮ **Concertgebouw,** eine neoklassizistische Konzerthalle von 1888, begeistert Freunde klassischer Musik vor allem mit einer grandiosen Akustik (Concertgebouwplein 10, www.concertgebouw.nl).
In der Nähe des Hauptbahnhofs zählt das moderne ④ **Muziekgebouw aan't IJ** zu den besten Veranstaltungsorten Amsterdams mit einem breiten Spektrum von alter Musik über Jazz und Weltmusik bis zu neuen, experimentellen Klängen (Piet Heinkade 1, www.muziekgebouw.nl).
Im Kulturzentrum ⑰ **Melkweg** treten hochkarätige internationale Künstler und Bands auf (Lijnbaansgracht 234a, www.melkweg.nl).

⑥ Hotels & Restaurants

HOTELS

Von dem schönen Grachtenhaus **€€€/€€ Seven Bridges** im Herzen der Altstadt kann man sieben Brücken sehen; auch die stilvoll mit Antiquitäten eingerichteten Zimmer können sich sehen lassen (Reguliersgracht 31, NL-1017 LK Amsterdam, Tel. 02 06 23 13 29, www.sevenbridgeshotel.nl).
Das **€€€ Lloyd Hotel** befindet sich in einem über 100 Jahre alten Backsteingebäude in den Eastern Docklands von Amsterdam. Mehr als 40 internationale Designer haben die Räume gestaltet – jedes Zimmer ist ein Unikat (Oostelijke Handelskade 34, NL-1019 BN Amsterdam, Tel. 02 02 62 55 55, https://thehoxton.com).

RESTAURANTS

Egal, ob Fünf-Uhr-Tee oder Jazz-Brunch am Sonntag, das **€€€/€€ Café Americain** nahe dem Vondelpark erfreut sich schon wegen des Jugendstilinterieurs großer Beliebtheit. Wer beim Frühstück, Lunch oder Dinner nach Promis Ausschau hält, wird früher oder später fündig (Leidsekade 97, Tel. 02 05 56 30 10, http://cafeamericain.nl). Früher diente das Stelzenhaus an der Hafenmole des ehemaligen Holzhafens als Hubschrauberlandeplatz, dann als TV-Sendezentrale, und heute beherbergt es das **€€ REM Island Restaurant.** Beim Sechs-Gänge-Menü hat man genügend Zeit, die Aussicht über den Hafen zu genießen (Haparandadam 45-2, Tel. 02 02 44 57 94, https://rem.amsterdam). Im **€€ De Kas** ist alles garantiert bio. Man speist in einem 90 Jahre alten Gewächshaus des Frankendael Parks; die Zutaten kommen aus eigenem Anbau und sind so frisch, wie sie nur sein können (Kamerlingh Onneslaan 3, Tel. 02 04 62 45 62, https://restaurantdekas.com). Der Name **€ Upstairs** ist durchaus Programm, denn bevor man sich der Speisekarte mit der Riesenauswahl an Pfannkuchen widmen darf, muss man eine steile Treppe hinauf. Das vielleicht kleinste Restaurant Europas mitten in Amsterdams Altstadt hat nur vier Tische (Grimburgwal 2, Tel. 02 06 26 56 03, https://upstairspannenkoeken.nl).

MIT DEM FAHRRAD DURCH AMSTERDAM

Amsterdam ist die Fahrradhauptstadt der Welt. Deswegen ist eine gänzlich emissionsfreie Stadttour auf zwei Rädern auch ein spezielles Erlebnis: „When in Rome, do as the Romans do" – auf Amsterdam bezogen, ist dieses alte Sprichwort nichts anderes, als die Aufforderung, aufs „fiets" zu steigen. In Amsterdam sind die Radfahrer die Könige, denen auch die Autofahrer ihre Referenz erweisen. Bereitwillig halten sie für die Radler an – haben aber, ob deren schierer Menge, auch gar keine andere Wahl. Breite, gut ausgebaute Fahrradwege, eigene Unterführungen für Radler, Fahrradparkhäuser und Wegweiser nur für Pedalritter sorgen für die perfekte Infrastruktur. An jeder Ecke gibt es einen Fahrradverleih, auch geführte Touren kann man buchen. Das eigene Fahrrad braucht daher keiner mitzubringen – eine Gangschaltung ist hier ohnehin überflüssig. Und Luxusbikes sind zudem extrem diebstahlgefährdet.

Kurzer Halt vor dem Rijksmuseum

Damit man sich nicht den Zorn der Einheimischen zuzieht, sollte man ein paar Regeln auf dem Rad beachten. Tempowechsel sind auf dem Fahrradweg nicht gern gesehen. Am besten rollt man einfach mit der Masse mit. Und spontanes Anhalten ist ebenso verpönt wie ohne Vorwarnung abzubiegen.

Die Tagespreise fürs Mietfahrrad belaufen sich zwischen 10 und 15 €, für ein E-Bike muss man mindestens 20 € bezahlen. Preisvergleiche lohnen sich bei längerfristigem Mieten.

Größter Anbieter ist **Mac Bike** (Leidseplein/Weteringschans 2, Waterlooplein 199, Centraal Station/Stationsplein 12, Overtoom 45, Oosterdokskade 63A, www.macbike.nl/de). **Mike's Bike Tours** veranstaltet geführte Touren und verleiht Räder (ab Tesselschadestraat 1E; https://mikesbiketoursamsterdam.com). **Rent a Bike Damstraat** zeichnet sich durch zentrale Lage, günstige Langzeitmieten und geführte Touren aus (Damstraat 20–22, www.rentabike.nl). **Star Bikes** Rental ist in Bahnhofsnähe zu finden und verleiht neben Rädern auch Mobility Scooter (De Ruyterkade 127, www.starbikesrental.com). Auch **Yellow Bikes** haben Fahrradtouren im Programm (Nieuwezijds Kolk 29, www.yellowbike.nl).

Nordholland · Flevoland

*

RUND UMS IJSSELMEER

*

Nördlich von Amsterdam zieht sich die Provinz Nordholland als Halbinsel bis zur Kette der Westfriesischen Inseln. Charmant zeigen sich die Käsestädte Alkmaar und Edam, die Hafenstädte Enkhuizen und Hoorn, dazu Haarlem mit seinem alten Stadtkern. Flevoland, die jüngste Provinz der Niederlande auf der anderen Seite des IJsselmeers, ist dem Meer abgerungen.

Käse ist Tradition in Holland: Alkmaars Käseträger haben sich schon 1593 in einer angesehenen Gilde zusammengeschlossen.

Zaandam ist besonders bemerkenswert, und es gäbe genug zu malen für ein ganzes Leben", schrieb Claude Monet während seines mehrmonatigen Aufenthalts 1871 an seinen Freund und Kollegen Camille Pissarro. „Häuser in allen Farben, Hunderte von Mühlen und wunderschöne Boote." Vor allem die idyllische Landschaft um das nahe bei Amsterdam gelegene Hafenstädtchen hatte es ihm so angetan, dass er während seiner Zeit in Zaandam rund zwei Dutzend Gemälde schuf; eines, „De Voorzaan en de Westerhem", zählt heute zu den bedeutendsten Ausstellungsstücken des örtlichen Museums.

Auch der Kunsthistoriker und Schriftsteller Henry Havard, ein Zeitgenosse Monets, schwärmte von dem Ort: „Wir befinden uns jetzt an der Mündung der Zaan. Vor uns erblicken wir das hübsche Dorf, das fröhlich aus einer Laubmasse emporragt. Es sind schwarze oder graue Häuser, gelbe oder grüne, mit bizarren Formen und seltsamem Schmuck."

DAS ERSTE INDUSTRIEGEBIET

Zu Monets und Havards Zeit war die Region durchaus malerisch und zog immer mehr Touristen an. Wären sie hingegen gut 150 Jahre früher gekommen, hätten

ALBERT LORTZINGS OPER »ZAR UND ZIMMERMANN« SPIELT IN ZAANDAM

sie die Blütezeit eines der ersten Industriegebiete der Welt miterlebt. Rund 600 Windmühlen sägten Balken und Bretter, pressten Öl, mahlten Mehl und Pigmente. Entlang dem Fluss lagen Werften, und der internationale Handel florierte, bis Kriege und eine Wirtschaftsflaute Mitte des 18. Jahrhunderts die Blütezeit beendeten. Heute werden in Zaandam vor allem Lebensmittel produziert – darunter auch die in den Niederlanden beliebte Verkade-Schokolade.

Wer das malerische Zaandam erleben möchte, von dem Monet so geschwärmt

Zwei große Freilichtmuseen lassen die Niederlande früherer Zeiten aufleben: Zaanse Schans bei Zaandam (oben) und das Zuiderseemuseum von Enkhuizen (Mitte und unten). Dort kann man durch Grachten schippern und dem längst vergangenen Inseldasein auf Urk nachspüren.

Sägewindmühlen in Zaanse Schans wie zu Zeiten von „Zar und Zimmermann“: Im 17. Jahrhundert waren die Holländer die führende Schiffbaunation. Grund genug für den russischen Zaren Peter I., als einfacher Handwerker ins Land zu reisen und den Schiffbau hier von der Pike auf zu erlernen

Jahrhundertelang war Holland viel wasserreicher als heute; große Landstriche sind noch nicht allzu lange trockengelegt. Und so ist es nur natürlich, dass auch Käse auf Booten transportiert wurde – wie hier zum Käsemarkt in Alkmaar.

So kennt man Holland – und seine Käselandschaft: Die Käsemädchen sind dafür da, für Hollands Milchprodukte zu werben.

Hier haben einige Käselaibe ihren Käufer gefunden und werden von den Trägern im Laufschritt zur Waage gebracht.

Fischerei und Fernhandel sind im Norden Hollands schon lange keine verlässlichen Erwerbsquellen mehr. An ihre Stelle traten Blumenzucht und Tourismus.

hat, muss das weitläufige Freilichtmuseum Zaanse Schans besuchen. Hier gibt es noch die kleinen, bunten Häuser am Fluss, und einige Windmühlen sind auch noch in Betrieb.

KÄSE UND KULTUR

Ebenso beschaulich geht es in den Käsestädten Edam und Alkmaar zu – wenn in letzterem nicht gerade der traditionelle Käsemarkt abgehalten wird, der Tausende Besucher anlockt. Beide Städtchen haben sich bis heute ihren historischen Charme erhalten. Man schlendert durch enge Gassen an alten Handelshäusern vorbei und staunt über die grachtenüberspannenden Zugbrücken. Haarlem ist zwar um einiges größer als die Käsestädte, doch die historische Altstadt lässt sich ebenso bequem zu Fuß erkunden. Im 17. Jahrhundert war Haarlem ein wichtiges kulturelles Zentrum der Niederlande, so ist es kein Wunder, dass gerade hier mit Frans Hals einer der berühmtesten Porträtmaler lebte. Wer es in Amsterdam zu trubelig findet, der wird sich im beschaulichen Haarlem, das auch „kleine Schwester von Amsterdam" genannt wird, wohlfühlen. Dünen und Strand sind übrigens auch nicht weit, die Haarlemer zieht es an Wochenenden in den Badeort Bloemendaal aan Zee und in den Nationalpark Zuid-Kennemerland.

LEBEN UNTER DEM MEERESSPIEGEL

Die Zuiderzee war eine flache, rund 100 Kilometer ins Land reichende Meeresbucht. Erst 1932 wurde sie durch den 32 Kilometer langen Afsluitdijk vom Meer getrennt. Dieser schnurgerade Deich, der die Provinzen Friesland und Nordholland verbindet und über den eine Autobahn und ein Radweg führen, machte aus der Zuiderzee das IJsselmeer, einen riesigen Binnensee. Mit dem Deichbau war einerseits die Gefahr von Sturmfluten, die jahrhundertelang immer wieder für Überschwemmungen und viele Todesopfer verantwortlich waren, gebannt, andererseits bildete der Deich die Voraussetzung für die größte Landgewinnung in

Zur alle fünf Jahre stattfindenden Sail Amsterdam treffen sich die Großsegler der Welt auf dem IJ. Hier passieren einige die Schleusen von IJmuiden, wo der 1876 eröffnete Noordzeekanaal ins Meer mündet.

ÜBERALL IN HOLLAND BLIEB DAS ERBE DER OSTINDIEN-KOMPAGNIE SICHTBAR: IN KUNST UND WISSENSCHAFT, ARCHITEKTUR UND SEEFAHRT.

Mitteleuropa. Bis 1986 entstand eine neue Provinz – Flevoland, deren Hauptstadt Lelystad nach dem Ingenieur und Politiker Cornelius Lely benannt ist, der die treibende Kraft bei Eindeichung und Landgewinnung war.

Auch wenn es auf den ersten Blick kaum auffällt, bei einer Fahrt durch Flevoland bewegt man sich auf ehemaligem Meeresgrund – und befindet sich fünf bis sechs Meter unter dem Meeresspiegel. Flevoland bildet einen der größten „trockenen" Schiffsfriedhöfe, denn bis jetzt wurden schon mehr als 400 Wracks gefunden. Damit die Bewohner des vom Meer abgerungenen Landes nicht irgendwann wieder im Wasser stehen, muss allerdings kontinuierlich Wasser abgepumpt werden. Ein Denkmal dieses ewigen Kampfes mit der nassen Natur ist das Wouda-Schöpfwerk bei Lemmer. 1920 hatte das größte dampfgetriebene Pumpwerk der Welt seinen Betrieb aufgenommen. Unverändert fünf- bis sechsmal im Jahr versehen die Maschinen ihren Dienst.

INSELN AUF DEM TROCKENEN

Im Bereich des heutigen Noordoostpolders gab es einst zwei Zuiderzee-Inseln, Schokland und Urk. Wer weiß, wo sie gelegen haben, erkennt sie heute als minimale Erhebungen in der ansonsten platten Polderlandschaft. Urk ist heute ein Fischerdorf an der Küste des IJsselmeers und wegen seiner schönen, alten Häuser ein beliebtes Ausflugsziel. An das frühere Inseldasein erinnert nur noch der Hinweis, man wohne „auf Urk" und nicht „in Urk". 1859 verließen die letzten Bewohner Schokland, seit 1942 ist es eine „Insel auf dem Trockenen" und Symbol der Niederlande im Kampf gegen das Wasser.

Cor Wisse kennt die Geschichte von Schokland, und er erzählt sie gern. Die Umrisse des einstigen Eilands, den ehemaligen Hafen kann man noch erahnen. Von den beiden Dörfern Ens und Emmeloord sind nur wenige Häuser geblieben. Sie beherbergen heute ein kleines Museum. Doch die Ortsnamen leben weiter: Das neue Dorf Ens liegt etwas weiter östlich als einst, und Emmeloord mitten im Noordoostpolder ist mit 25 000 Einwohnern der größte Ort weit und breit. Cor erzählt auch vom harten Leben der Inselbevölkerung, von den laufenden Überschwemmungen, die Ackerbau und Viehzucht fast unmöglich machten. Den einzigen Schutz vor dem Wasser bot eine hölzerne Ufermauer, auf deren Planke man einigermaßen trockenen Fußes von Ens nach Emmeloord gelangen konnte – wenn nicht gerade Hochwasser herrschte. Diese Planke war

Muiderslots Geschichte reicht gut 800 Jahre zurück (ganz links). Im Frans Hals Museum in Haarlem: Der dort auch ausgestellte Maler Cornelis Corneliszoon van Haarlem gilt als einer der führenden Künstler des niederländischen Manierismus und als wichtiger Vorgänger von Frans Hals (links).

Haarlems Grote Kerk besitzt eine weithin gerühmte Orgel des aus dem Harz stammenden Orgelbauers Christian Müller. Aus dem Instrument mit seinen mehr als 5000 Pfeifen spielten schon Mozart und Händel.

Am Haarlemer Markt steht auch das Rathaus von 1370, das 1630 bis 1633 seine schöne Renaissancefassade erhielt.

An Zeiten, in denen die heimkehrenden Fischer eine verlässliche Landmarke als Orientierung brauchten, erinnert der 1839 errichtete Leuchtturm Markens.

Auch um Marken sollte großflächig Land gewonnen werden – ein Plan, der inzwischen aufgegeben wurde, da Ökologie und der Wert als Naherholungsgebiet mittlerweile höher eingeschätzt werden als die Vorteile eines weiteren Polders.

Charmante Gassen führen zum Hafen von Volendam, wo die Fähre nach Marken ablegt.

Marken war bis 1957 eine Insel. Seither verbindet sie ein breiter Deich mit dem Festland.

jedoch so schmal, dass man bei Gegenverkehr den „Schokker Dans“ vollführen musste. Dazu umfasste man sich an der Taille und drehte sich gleichzeitig.

DIE NEUE WILDNIS

Als die Provinz Flevoland entstand, sollte Oostvaardersplassen zwischen Almere und Lelystad zum Industriegebiet werden. Doch das 6000 Hektar große Gebiet ließ sich nicht trockenlegen, also beschloss man, es sich selbst zu überlassen. Entstanden ist ein in den Niederlanden einmaliges Ökosystem, ein riesiges Sumpfgebiet mit Röhricht, Wiesen und Seen. Ein großer Teil des Gebiets ist für die Öffentlichkeit nicht zugänglich, deshalb können sich Flora und Fauna wie in einem riesigen Freilandlabor ungestört entwickeln. Vor allem das Vogelleben, das sich von den Deichen gut beobachten lässt, ist äußerst vielfältig: Kormorane, Seeadler, Löffler, Rohrsänger und Schwarzstörche sind regelmäßige Gäste. Ins Auge fallen auch die Rehe, Rothirsche, Heckrinder und die aus Polen stammenden, halbwilden Konik-Pferde.

DIE RETORTENSTADT ALMERE

Als Schlafstadt für Amsterdam-Pendler geplant, nutzten bekannte Architekten wie Rem Koolhaas die Stadt von Anfang an als Experimentierfeld. So entstanden das kunterbunte Regenbogenviertel und die Wasserwohnungen an den Noorderplassen. Ein echtes Zentrum entwickelte sich allerdings erst ab 1994. Auch dies „typisch“ für eine Retortenstadt, denn die Keimzelle einer jeden im Laufe von Jahrhunderten gewachsenen Stadt, eben einen Mittelpunkt, hatte man schlichtweg vergessen. Heute bietet auch das Stadtzentrum von Almere Spektakelbauten wie das Multiplexkino „Utopolis“ und das Einkaufszentrum „Citadel“.

Soviel Experimentierfreudigkeit ruft allerdings immer auch Kritiker auf den Plan: 2008 wurde Almere von den Lesern der überregionalen Tageszeitung „De Volkskrant“ zum hässlichsten Ort der Niederlande gekürt.

Die schönsten Märkte

JEDER EINE WELT FÜR SICH

Wo lernt man ein Land besser kennen als auf seinen Märkten? Natürlich haben Wochenmärkte auch in den Niederlanden eine lange Tradition. Und was einst überschaubar begann, wurde mit den Jahren zu einem Universum – der Albert Cuypmarkt etwa. Dass Märkte nicht bloß ein Überbleibsel vergangener Zeiten sind, zeigt eindrucksvoll die Markthalle in Rotterdam.

1

3

1 Bloemenmarkt in Amsterdam

Wie in vielen Grachten liegen auch entlang der Singelgracht alte Lastkähne am Ufer vertäut. Auf ihnen findet das ganze Jahr über ein „schwimmender“ Blumenmarkt statt. Das Angebot an Schnittblumen, Topfpflanzen und Zwiebeln ist riesig – und weil der Platz auf dem Wasser nicht mehr reicht, auch an Land. Viele Touristen würden gerne Zwiebeln gleich säckeweise für den heimischen Garten einkaufen, doch wie die Schnäppchen nach Hause bekommen?

Bloemenmarkt,
Singelgracht, Amsterdam; Mo.–Sa. 9.00–17.30, So. 11.00–17.30 Uhr

2 Albert Cuypmarkt in Amsterdam

Seinen Namen verdankt der mittlerweile größte Markt in Amsterdam dem Landschaftsmaler Albert Cuyp. Ursprünglich gab es hier nur einen kleinen Flohmarkt, doch mittlerweile erstreckt sich der Markt über die gesamte Straßenlänge. Die Amsterdamer sind hier ebenso oft auf Schnäppchenjagd wie die Touristen. Rund 20 000 Besucher schieben und drängeln sich an Sommertagen an den mehr als 300 Verkaufsständen vorbei. Kein Wunder, denn hier findet man wirklich alles – Kleidung und Haushaltsartikel neu oder gebraucht, Fisch, Obst, Gemüse, Kräuter, Blumen, Tee und vieles mehr. Wer beim Bummel über den Cuypmarkt hungrig wird, hat genügend Auswahl zwischen Fritten, Poffertjes und Pannenkoeken. Und wer seinen Füßen eine Pause gönnen möchte, geht in eines der Cafés oder Restaurants entlang der Straße.

Albert Cuypmarkt,
Albert Cuypstraat, Amsterdam; Mo.–Sa. 9.30 bis 17.00 Uhr

3 Käsemärkte in Alkmaar und Gouda

Alkmaar und Gouda gehören – wie Edam und Leerdam – zu den Käsestädten und halten noch Käsemärkte ab. Heute sind sie zwar nur Folklore für Touristen, ein Besuch lohnt trotzdem. Das Feilschen der Milchbauern und Käsehändler ist farbenfroh und beruht auf alten Traditionen.

Alkmaar Kaasmarkt,
Waagplein, Alkmaar, www.kaasmarkt.nl; April–Sept. Fr. 10.00–13.00, Abendkäsemarkt Juli und Aug. Di. 19.00–21.00 Uhr
Gouda Kaasmarkt,
Markt, Gouda, www.goudskaashuis.nl/de/goudse-kaasmarkten; April–Aug. Do. 10.00–12.30 Uhr

4 Bloemenjaarmarkt in Groningen

Der größte Blumen- und Pflanzenmarkt in den nördlichen Niederlanden findet traditionsgemäß in Groningen statt. Am Karfreitag kommen seinetwegen mehr als 100 000 Besucher in die Stadt, davon viele aus Deutschland. Über 100 Marktstände bieten frische Schnittblumen, Zimmerpflanzen, Blumenzwiebeln, Saatgut, Gartenpflanzen und darüber hinaus jegliches Handwerkzeug und Zubehör. An diesem Tag liegt über der Stadt der Duft von Blumen und Frühling.

Bloemenjaarmarkt, Zentrum von Groningen (Oude Ebbingestraat, Grote Markt, Waagplein, Vismarkt und A-Kerkhof), www.bloemenjaarmarkt.nl; Karfreitag 9.00–17.00 Uhr

5 Lapjesmarkt von Utrecht

Ein Paradies für Schneider und Schneiderinnen: Der Lapjesmarkt von Utrecht ist der größte und älteste Stoffmarkt in den Niederlanden. Hier werden schon seit 1597 Stoffe gehandelt. Allerdings durfte man damals nur zweimal im Jahr einen Markt abhalten, heute dagegen werden jeden Samstag Stoffe entlang der Breedstraat verkauft.

Lapjesmarkt, Breedstraat, Utrecht, www.entdecke-utrecht.de/locatie/lapjesmarkt; Sa. 8.00–13.00 Uhr

6 Markthal Rotterdam

Die 2014 eröffnete Markthalle von Rotterdam ist mehr als nur Verkaufsfläche für Obst, Fisch, Fleisch, Gemüse und Blumen; sie ist auch ein Highlight moderner Architektur. In dem elfstöckigen hufeisenförmigen Gebäude kann man nämlich auch wohnen. Aus den Fenstern der meisten der 228 Wohnungen schaut man auf die Marktstände hinunter. Spektakulär ist das riesige Deckengemälde, das eine Wiesenlandschaft aus Insektenperspektive zeigt. Es besteht aus etwa 4000 Glasscheiben, jede eineinhalb mal eineinhalb Meter groß. Wegen des Gemäldes hat die Halle den etwas unbescheiden klingenden Spitznamen „Sixtinische Kapelle" Rotterdams bekommen. Was erstaunt: Obwohl es in den Niederlanden nicht zu knapp regnet, waren überdachte Märkte dort unbekannt – die Markthalle in Rotterdam ist der erste Lebensmittelmarkt im Land mit Wetterschutz.

Markthal Rotterdam, D. J. Scharpstraat, Rotterdam, www.markthal.nl; Mo.–Do. und Sa. 10.00 bis 20.00, Fr. 10.00–21.00, So. 12.00–18.00 Uhr

Maßstab 1:800.000
0
10km
Noordzee
Waddeneilanden
Waddenzee
IJsselmeer
Markermeer
Noordoostpolder
Flevoland
Terschelling (Skylge)
Ameland (It Amelân)
Vlieland (Flylân)
Texel
Den Helder
Harlingen (Harns)
Leeuwarden (Ljouwert)
Sneek (Snits)
Afsluitdijk
Medemblik
Enkhuizen
Hoorn
Alkmaar
Bergen
Purmerend
Edam
Volendam
Lelystad
ZAANSTAD
AMSTERDAM
HAARLEM
Zandvoort
IJmuiden
Beverwijk
Heemstede
Amstelveen
Almere
Hilversum
Urk
Emmeloord
Kampen
Zwolle
Dronten
Harderwijk
Apeldoorn
Amersfoort
UTRECHT
Nieuwegein
Zeist
LEIDEN
Noordwijk
Katwijk
DEN HAAG 'S-GRAVENHAGE
ZOETERMEER
Delft
Gouda
ROTTERDAM
DORDRECHT
Kinderdijk
Gorinchem
Ede
ARNHEM
NIJMEGEN
Oss
's-Hertogenbosch
Waalwijk
Hoek van Holland
Newcastle-upon-Tyne
Kingston upon Hull
Harwich
1
2
3
4
5
6

AN IJSSEL- UND MARKERMEER

Rund um die ehemalige Zuiderzee, heute IJssel- und Markermeer, lagen im „goldenen" 17. Jahrhundert prosperierende Hafenstädte. Bis heute zeugen lebendige Häfen und stolze Kaufmannshäuser von diesem Wohlstand. Dem Meer abgerungene Polder bilden Flevoland, die jüngste Provinz des Landes. Tulpenfelder und teils futuristisch anmutende Städte machen ihren Reiz aus.

1 Haarlem

Im „goldenen" 17. Jh. blühten das kulturelle Leben und besonders die Malerei durch ihren bekanntesten Vertreter Frans Hals in Haarlem (165 400 Einw.). Zu Wohlstand, der sich in vielen historischen Bauwerken widerspiegelt, gelangte die Stadt durch Textilherstellung.

SEHENSWERT

Der **Grote Markt** bildet das Zentrum der **Altstadt** TOPZIEL, gesäumt von sehenswerten historischen Bauten. Herausragend, nicht nur wegen ihres 80 m hohen Turms, ist die spätgotische **Grote Kerk** mit Urspr. im 14. Jh. (Sint Bavokerk; Mo.–Sa. 10.00–17.00, Juli und Aug. auch So. 12.00–17.00 Uhr). Am Markt befindet sich auch das Haarlemer Rathaus mit schöner Renaissancefassade. Das Ensemble **De Hallen** aus Vleeshal (Renaissance, um 1600) und Verweyhal (neoklassizistisch, 19. Jh.) wird heute für Ausstellungen moderner Kunst genutzt (Grote Markt 16, www.franshalsmuseum.nl; Di.–So. 11.00–17.00 Uhr). Auch in der ehem. Fischhalle wird Kunst gezeigt (Vishal, Grote Markt 20, www.devishal.nl; Di.–Sa. 11.00 bis 17.00, So. 13.00–17.00 Uhr). Östl. des Zentrums kommt man zum Fluss und zur **Molen de Adriaan**, einer beeindruckenden Galeriemühle aus dem Jahr 1779 (Papentorenvest 1 a, www.molenadriaan.nl; März–Okt. Mo.–Fr. 13.00 bis 17.00, Sa. und So. 10.30–17.00 Uhr, sonst kürzer).

MUSEEN

Im **Frans Hals Museum** werden die wichtigsten Werke des großen Malers (1580–1666) präsentiert. Auch Portraits, Stillleben und Landschaften von weiteren Malern des 17. Jh.s sind zu sehen (Groot Heiligland 62, Tel. 02 35 11 57 75, www.franshalsmuseum.nl; Di.–So. 11.00 bis 17.00 Uhr). Das älteste Museum der Niederlande, das **Teyler Museum,** wurde 1784 eröffnet und präsentiert die Sammlung des Seidenhändlers Pieter Teyler van der Hulst; neben Kunst gibt es auch Naturkundliches (Spaarne 16, www.teylersmuseum.nl; Di.–So. 10.00–17.00 Uhr).

HOTEL UND RESTAURANT

Die schnörkellosen Luxushotel-Appartements des €€€ **Boulevard 5** überzeugen vor allem durch den Blick auf Strand und Meer (Boulevard Paulus Loot 5, NL-2042 AD Zandvoort, Tel. 02 35 71 26 13, www.boulevard5.nl).
Von der Terrasse des € **Grand Café Brinkmann** kann man dem Treiben auf Haarlems Marktplatz zuschauen; wenn das Wetter mal nicht mitspielt, ist der historische Gastraum eine gute Alternative (Grote Markt 13, Tel. 02 35 32 31 11, www.grandcafebrinkmann.nl; tgl. 8.00–22.00 Uhr).

UMGEBUNG

Im 10 km westl. gelegenen Seebad **Zandvoort** kann es wegen des kilometerlangen Sandstrands und der Nähe zu Amsterdam im Sommer recht voll werden. Durch das weitläufige Dünengebiet, den nördl. gelegenen Nationalpark Zuid Kennemerland sowie viele Wander- und Radwege gibt es aber genügend Möglichkeiten, dem Gewimmel an der Strandpromenade zu entfliehen.

INFORMATION

VVV Haarlem, Grote Markt 2,
Stadhuis (Rathaus), NL-2011 BK Haarlem,
Tel. 02 35 31 73 25, www.visithaarlem.com/de

Markens Hafenmeile (links); Giebel eines Kaufmannshauses in Zaanse Schans (rechts oben); Galionsfiguren in Enkhuizen (rechts unten)

2 Zaandam

Der Landstrich um den Fluss Zaan mit dem Ort Zaandam (77000 Einw.) gilt als frühes Industriegebiet Europas. Schon im 17. Jh. gab es hier rund 1000 Windmühlen und 65 Werften.

MUSEEN

Für das Freilichtmuseum **Zaanse Schans** TOPZIEL wurden historische Holzhäuser und Windmühlen aus Zaandam und Umgebung originalgetreu am Flussufer wieder aufgebaut. Einige Häuser sind bewohnt, andere dienen als Souvenirläden oder Werkstätten (www.dezaanseschans.nl; Kernzeit tgl. 10.00–17.00 Uhr, im Sommer länger). Das **Zaans Museum** bietet einen Überblick über die regionale Geschichte; der Verkade Pavillon ist die historische Produktionshalle des Schokoladenherstellers (Schansend 7, https://zaansmuseum.nl; April–Sept. tgl. 9.00–17.00 Uhr, sonst kürzer).

INFORMATION

VVV Informatiecentrum Zaandam,
Stadhuisplein 96 NL-1500 MZ Zaandam,
www.zaans.nl

3 Alkmaar

Schon vor 1622 wurde in Alkmaar (111 800 Einw.) ein Käsemarkt veranstaltet, der heute übers Jahr rund 300 000 Besucher anzieht. Auch wenn sich in dem Ort anscheinend alles um Käse dreht, sind auch die Grachten, engen Gassen, Giebelhäuser und Zugbrücken rund um die gotische Sint-Laurenskerk sehenswert.

MUSEEN
Hollands Kaasmuseum befindet sich im alten Waaghuis aus dem 14. Jh. (Waagplein 2, www.kaasmuseum.nl; Kernöffnungszeit tgl. 10.00–16.00 Uhr). Im **Stedelijk Museum** erfährt man alles über die goldenen Jahrhunderte und die Gegenwart der Stadt (Canadaplein 1, https://stedelijkmuseumalkmaar.nl; Di.–So. 11.00–17.00 Uhr). Das **Nederlands Biermuseum De Boom** ist in einer ehem. Brauerei untergebracht (Houttil 1, www.biermuseum.nl; Do.–Sa. 12.00–17.00 Uhr).

ERLEBEN
Der traditionelle **Käsemarkt** findet auf dem Waagplein statt (April–Sept. Fr. 10.00–13.00, Abendkäsemarkt Juli und Aug. Di. 19.00 bis 21.00 Uhr).

INFORMATION
VVV Alkmaar, Waagplein 2,
NL-1811 JP Alkmaar, Tel. 07 25 11 42 84,
https://alkmaarprachtstad.nl

Tipp

Blick auf goldene Zeiten

Auf der **Batavia-Werft** werden historische Schiffe aus dem Goldenen Zeitalter rekonstruiert, um die traditionellen Schiffbaukenntnisse zu bewahren und Arbeitslose wieder in Lohn und Brot zu bringen. Den Nachbau des 1628 vom Stapel gelaufenen Handelsschiffes „Batavia" kann man besichtigen. Das 1665 in Dienst gestellte Kriegsschiff „De Zeven Provinciën" ist noch in Arbeit.

INFORMATION
Bataviawerf, Bataviaplein 2, Oostvaardersdijk, Lelystad, www.batavialand.nl; Di.–Sa. 10.00 bis 17.00, So. 11.00–17.00 Uhr

Im Schokland Museum auf dem Noordoostpolder (links); am Bahnhof von Lelystad (rechts oben); der Hafen von Urk (rechts unten)

4 Edam

Beim Namen Edam denkt man an den kugelrunden gelben Käse mit der roten Rinde, der seit Jahrhunderten auf dem Käsemarkt – heute allerdings nur noch für die Touristen – gehandelt wird. Edam (heute 36 000 Einw.) ist mit dem für seine Trachten bekannten ehemaligen Fischerdorf Volendam zusammengewachsen. Trotz der Blütezeit im 16. und 17. Jh., die hauptsächlich dem Käsehandel, dem Fischfang und den Werften zu verdanken war, blieb Edam eine beschauliche Kleinstadt.

SEHENSWERT
Die gesamte Innenstadt mit ihren historischen Häusern und kleinen Grachten ist eine einzige Sehenswürdigkeit. Einen näheren Blick lohnt das **Rathaus** (1727) am Damplein mit Kuppelturm und einer Gemäldesammlung. Die spätgotische Grote Kerk (Urspr. 14. Jh.; Grote Kerkstraat) zeigt schöne Glasmalereien. Im **Edams Museum** wird in einem Haus aus dem 16. Jh. die Stadtgeschichte erzählt (Damplein 8, https://edamsmuseum.nl; April–Okt. Di.–So. 10.00–16.30, sonst Sa., So. 13.00–16.30 Uhr).

ERLEBEN
Für Touristen wird ein **Käsemarkt** nach historischem Vorbild veranstaltet (www.kaasmarktedam.nl; Juli und Aug. Mi. 10.30–12.30 Uhr).

UMGEBUNG
Im Sommer kann man mit einer Fähre ab Volendam das autofreie ehem. Fischerdörfchen **Marken** besuchen; die gleichnamige Insel ist im Süden auch über einen 1,6 km langen Deich per Fahrrad zu erreichen. Das Heimatmuseum vermittelt einen Eindruck vom Alltagsleben der Inselbewohner vor dem Bau des Abschlussdeiches (Kerkbuurt 44, www.markermuseum.nl; April–Okt. Mo.–Sa. 10.00–17.00, So. 12.00 bis 16.00 Uhr, Okt. kürzer).

INFORMATION
VVV Edam, Damplein 1, Stadhuis (Rathaus),
NL-1135 EL Edam, Tel. 02 99 31 51 25,
www.vvvedamvolendam.nl

5 Enkhuizen

Die wechselhafte Geschichte des 1000-jährigen Hafenorts (18 900 Einw.) hatte ihren Höhepunkt um 1600, als die Heringsfischerei boomte und die Niederländische Ostindien-Kompanie auch von hier aus Handel trieb. Mit der Eindeichung der Zuiderzee 1932 verlor die Stadt ihren Zugang zum Meer. Erst der aufkommende Tourismus und die Freizeitkapitäne brachten Enkhuizen wieder einen spürbaren Aufschwung.

SEHENSWERT
Den von schönen Kaufmannshäusern gerahmten **Hafen,** in dem historische Schiffe dicht an dicht liegen, bewacht der **Dromedaristurm,** ein Rest der Stadtbefestigung aus dem 16. Jh.

MUSEEN
Das **Zuiderzeemuseum** hat zwei Standorte. Das Binnenmuseum in der Nähe des Rathauses aus dem 17. Jh. veranschaulicht die Geschichte von Schifffahrt und Fischerei auf der Zuiderzee. Auf dem Freigelände, dem Buitenmuseum, wurden mehr als 100 Gebäude aus Orten an der ehem. Zuiderzee zusammengetragen, darunter Fischerhäuser, Werkstätten und Werften. In einigen werden traditionelle Handwerke gezeigt (Wierdijk 12–22, www.zuiderzeemuseum.nl; tgl. 10.00–17.00 Uhr, Freilichtmuseum nur April–Okt.). In einem kleinen Haus der Altstadt ist eine große **Sammlung von Buddelschiffen** zu sehen (Zuiderspui 1; Mo., Sa., So. 12.00–16.00 Uhr).

RESTAURANT
Im **€ € Drie Haringhe** speist man zwischen Hafen und Dromedaristurm. Die Karte bietet französisch-mediterrane Köstlichkeiten (Breedstraat 158, Tel. 02 28 31 46 04, www.drieharinghebistro.nl, Do.–Mo. ab 18.00 Uhr).

UMGEBUNG
Auch das frühere Seefahrerstädtchen **Hoorn,** Namensgeber vom Kap Hoorn an der Südspitze Südamerikas, war einst Sitz der Niederländischen Ostindien-Kompanie, deren Blüte und Wohlstand bis heute das Stadtbild prägt.

INFORMATION
VVV Enkhuizen, Tussen Twee Havens 1, NL-1601 EM Enkhuizen Tel. 02 28 31 31 64, www.enkhuizenboeit.nl

6 Lelystad

Die Hauptstadt (83 000 Einw.) der Provinz Flevoland ist nach dem Erbauer des Abschlussdeichs Cornelis Lely benannt. Der 1967 gegründete Ort wurde auf einem Polder rund 5 m unter dem Meeresspiegel erbaut. Lelystad ist bekannt – und umstritten – wegen seiner modernen Architektur.

ERLEBEN
Oostvaardersplassen **TOPZIEL** ist das größte natürliche Feuchtbiotop der Niederlande, auf dessen Wasser- und Sumpfflächen Rinder, Pferde und Hirsche frei leben. Auf Wanderwegen und von Unterständen sind die Tiere gut zu beobachten. Oostvaardersplassen ist Teil des Nationalparks Nieuw Land, dem größten von Menschen geschaffenen Naturpark der Welt (www.nationaalparknieuwland.nl). In Flevoland gibt es die größten Blumenfelder der Niederlande, weshalb sich besonders während des alljährlichen **Tulpenfestivals** ab Mitte April ein Besuch lohnt (Informationen im Touristenbüro).

EINKAUFEN
Im **Batavia Stad Fashion Outlet** findet man viele gängige Modemarken zu reduzierten Preisen (Bataviaplein 60, www.bataviastad.nl; Mo.–Fr. 10.00–18.00 Uhr, Sa. und So. länger).

UMGEBUNG
De Orchideeën Hoeve (45 km nördl.) sind ein tropisches Paradies mit Orchideen, Papageien und Schmetterlingen (Oosterringweg 34, Luttelgeest, Noordoostpolder, www.orchideeenhoeve.de; tgl. 9.30–18.00 Uhr).
Die Geschichte der im Noordoostpolder aufgegangenen Insel **Schokland** (30 km nördl.) präsentiert das Schokland Museum (Middelburt 3, www.museumschokland.nl; April–Okt. Di.–So. 11.00–17.00 Uhr). Das Dorf **Urk** (30 km nördl.), ebenfalls eine frühere Zuiderzeeinsel, ist bis heute ein malerisches Fischerdorf geblieben.
Almere (30 km südl.), die jüngste und am schnellsten wachsende Stadt der Niederlande (223 000 Einw.), beeindruckt und polarisiert mit ihrer oft futuristisch anmutenden Architektur.
Der kleine, wohl über 1000 Jahre alte Ort **Muiden** ist vor allem durch sein Wasserschloss bekannt. Vor etwa 700 Jahren ließen die Grafen von Holland **Muiderslot** erbauen. Einige Räume sind noch im Stil des 17. und 18. Jh.s eingerichtet. Das Schloss umgibt eine großzügige, teils mit Obstbäumen bepflanzte Gartenanlage (https://muiderslot.nl; April–Okt. tgl. 10.00–17.00, sonst Di.–So 10.00–17.00 Uhr).

INFORMATION
Visit Flevoland, Het Ravelijn 50, 8233 BR, Lelystad, Tel. 06 57 59 53 49
www.visitflevoland.nl

MARKER WADDEN – NATUR AUS MENSCHENHAND

Die Niederländer sind Meister der Landgewinnung und Landschaftsgestaltung. Eines der neuesten Projekte ist das Aufspülen von Inseln inmitten des Markermeers, das selbst erst in den 1970er-Jahren durch einen Damm zwischen Enkhuizen und Lelystad entstanden ist. Die Marker Wadden sind fünf neue Inseln aus Sand, Lehm und Schlick vom Meeresgrund. Vor allem die dicke Schlickschicht hat dort jegliches Leben erstickt. Nachdem daraus Inseln geworden sind, wird sich die Wasserqualität verbessern. Infolgedessen sollen sich die Fischbestände erholen und wieder mehr Vögel heimisch werden, darunter auch gefährdete Arten wie der Purpurreiher und die Schwarze Seeschwalbe. Auf den Inseln, die einmal eine Fläche von 10 000 Hektar bedecken sollen, entsteht so ein völlig neues, einzigartiges Ökosystem. Eine von ihnen, die Hafeninsel, kann man schon besuchen. Auf ihr gibt es neben einem Naturhafen einen Strand, Hütten zur Beobachtung von Vögeln und Wanderwege. Neben dem Schutz der Fauna dienen die Marker Wadden auch als Naherholungsgebiet.

Von Aussichtstürmen lässt sich die Vogelwelt der Inseln bestens beobachten.

Seit Sommer 2020 kann man in einem der vier Inselhäuschen übernachten. Die Häuser liegen inmitten der Natur, sind energieneutral und autark, also nicht an das Strom- oder Wassernetz angeschlossen. Auf die üblichen Annehmlichkeiten muss man aber trotzdem nicht verzichten: Strom wird durch Sonnenkollektoren und eine kleine Windkraftanlage erzeugt, das Trinkwasser vor Ort gefiltert, das Abwasser mit einer Pflanzenkläranlage gereinigt, und die Pelletöfen werden mit Biomasse beheizt. Und auch die Inneneinrichtung ist bis ins Detail ökologisch und nachhaltig.

Zur Hafeninsel gelangt man mit einer Fähre vom Bataviahaven in Lelystad (www.bootmarkerwadden.nl) oder mit einem eigenen bzw. gecharterten Boot. Der Eintritt in das Naturschutzgebiet beträgt 6 € pro Person.

Die Ferienhäuser werden von Landal Green Parks vermietet, sämtliche Einnahmen fließen in den Naturschutz und die Instandhaltung der Inseln (www.landal.de/allgemein/marker-wadden).

Groningen · Friesland · Inseln

*

FRIESENINSELN, WALFALLEN UND BEBENDES LAND

*

Die Fahrradstadt Groningen präsentiert sich mit Charme und Kultur – aber nicht als unerschütterlich. In Friesland werden friesische Traditionen gepflegt, und auf seinen Watt-inseln lässt es sich vorzüglich baden und dinieren. Für Wale kann sich die Nordsee indes als tödliche Falle erweisen.

Auch auf Texel wird der Sonnenuntergang gern gemeinsam bewundert.

Großzügige Zuwendungen erlaubten es, das Groninger Museum als Kunstwerk zu gestalten.

GRONINGENS KRIEGSWUNDEN VERSUCHTEN VOR ALLEM DREI ITALIENER VERGESSEN ZU MACHEN: ALESSANDRO MENDINI ENTWARF DAS GRONINGER MUSEUM, ADOLFO NATALINI DEN WAAGSTRAAT-KOMPLEX UND GIORGIO GRASSI DIE STADTBIBLIOTHEK.

Holland gilt als Land der Radfahrer, Amsterdam als Fahrradmekka. Das ist sicher richtig, doch Groningen ist noch ein wenig weiter, denn in der Innenstadt fährt fast kein Auto mehr. Am Morgen versorgen ein paar Lieferwagen Geschäfte und Restaurants, ansonsten dürfen nur noch Busse ins Zentrum. Und geht es nach den Stadtplanern, sollen auch diese in Zukunft außen vor bleiben. Sieht so das Verkehrskonzept der Zukunft für verstopfte und von Abgasen verpestete Innenstädte aus? Ja, aber! Denn ein Problem haben auch die Groninger bis jetzt nicht in den Griff bekommen: den Fahrradklau. Statistisch gesehen besitzt jeder Holländer anderthalb Fahrräder, und genauso viele werden ihm auch pro Jahr entwendet.

DIE ERDE BEBT

Auf den ersten Blick scheint Groningen mit seiner fast autofreien Innenstadt, gemütlichen Cafés, Kneipen und Restaurants und der gelungenen Mischung aus Historischem und futuristischen Neubauten ein guter Ort zum Wohnen. Doch die Idylle täuscht, bebt doch die Erde hier durchschnittlich 50 Mal pro Jahr – insgesamt schon mehr als 1000 Mal, dies allerdings erst seit rund 20 Jahren.

Denn unter dem grünen Ackerland um die Stadt liegt in 3000 Metern Tiefe ein riesiges Erdgasfeld, die zehntgrößte Lagerstätte weltweit. Seit 1963 wird das Gas gefördert, in Spitzenzeiten bis zu 50 Milliarden Kubikmeter jährlich. Dass so große Fördermengen die Erde zum Wanken bringen, ist spätestens seit den 1990er-Jahren bekannt, Forscher nennen es eine „induzierte Seismizität", verständlich übersetzt heißt das: Der Mensch ist schuld. Doch Energiekonzerne haben die Folgen kleingeredet oder sogar ignoriert. Das bisher stärkste Beben hatte eine Stärke von 3,6, genug, um lange Risse in Häusern entstehen zu lassen und viele Menschen in Angst zu versetzen. So langsam sackt den Bewohnern der Boden unter den Füßen weg.

Mittlerweile wird die Gasförderung auch von offizieller Seite als Sicherheitsrisiko für die Einwohner der Region eingestuft und deshalb soll die Förderung bis 2030 vollständig eingestellt werden.

Doch das Herunterfahren der Produktion wird das Problem nicht sofort lösen, die Erde um Groningen noch so lange unruhig bleiben, bis sich ein neues Gleichgewicht eingestellt hat. Deshalb baut man neue Gebäude erdbebensicher – das gilt auch für das jüngste Prestigeprojekt, das futuristisch anmutende Groninger Forum, ein zehnstöckiges Veranstaltungshaus an der Martinikerk und dem Groten Markt.

Zu Groningens Museum gehört auch bunte Kunst am Bau (ganz links). Im Goudkontoor am Waagplein ist heute ein Café zu Hause (links).

Groningens Hortus Haren wurde im 17. Jahrhundert als Kräutergarten angelegt und ist damit einer der ältesten botanischen Gärten der Niederlande. Er zeigt tropischen Regenwald, eine Nachbildung eines chinesischen Mandaringartens, englische und keltische Gärten und weitere Themengärten.

Bunt zusammengewürfelt zeigt sich das Groninger Museum an der Gracht Praediniussingel.

TYPISCH FRIESISCH

Friesland mit der Hauptstadt Leeuwarden ist die größte niederländische Provinz. Seit 1997 trägt sie den offiziellen Namen Fryslân, der sich aber noch nicht bei allen Holländern durchgesetzt hat. In Deutschland kennt man die Region als Westfriesland, vorgelagert sind die Westfriesischen Inseln. Dieser Name macht durchaus Sinn, denn es gibt ja schließlich noch Ost- und Nordfriesland. Allerdings gibt es noch einen Landstrich weiter im Westen, der nicht zu Fryslân, sondern zur Provinz Noord-Holland gehört und auch Westfriesland heißt – aber eben nur bei den Niederländern.

Mit „Lewer düad as slav! – Lieber tot als Sklave!" brachte man bis ins 19. Jahrhundert auch hier das friesische Selbstverständnis und das Unabhängigkeitsstreben auf den Punkt. So drastisch würde das heute kaum noch jemand formulieren, doch Fryslân ist die eigenständigste der zwölf Provinzen der Niederlande und die einzige mit einer zweiten Amtssprache, dem Westfriesischen. Immerhin sprechen rund zwei Drittel der Bewohner Fryslâns Frysk, rund die Hälfte sogar als Muttersprache. Eine Unabhängigkeitsbewegung gibt es zwar nicht, die friesische Identität ist jedoch stark ausgeprägt. Auf den Ortsschildern sind die Namen zweisprachig, also Leeuwarden und Ljouwert. Es gibt friesische Zeitungen, und Frysk wird an den Schulen gelehrt. Eine eigene Literatur mit einem alle drei Jahre verliehenen Literaturpreis, der nach dem friesischen Schriftsteller Gysbert Japicx benannt ist, existiert ebenso wie eine eigene Flagge. Als Nationalgetränk gilt der Kräuterschnaps Beerenburger, wenngleich der im 17. Jahrhundert von dem Amsterdamer Kaufmann Hendrik Beerenburg erfunden wurde.

FRYSLÂN HAT ALS EINIZGE PROVINZ DER NIEDERLANDE ZWEI AMTSSPRACHEN.

In Eise Eisingas Planetarium nahe Harlingen (oben; s.S. 66). Ein hübsches Ausflugsziel: die Menkemaborg bei Uithuizen, die auf das 14. Jahrhundert zurückgeht (unten).

Durch den Mastenwald in Harlingens Altem Hafen erkennt man gerade noch die Giebelfassaden aus alten Handelszeiten (oben). Wahrzeichen Leeuwardens ist der schiefe Oldehove Toren. Er wurde 1529 begonnen, aber schon bald sank er in den weichen Untergrund ein. Knapp 50 Jahre später wurden die Arbeiten eingestellt (unten).

Texels weiter Sandstrand ist der große Anziehungspunkt dieser Watteninsel (oben). Auf Schiermonnikoog ducken sich die Reetdachhäuser in die Dünen. Vor einigen weht die Flagge Fryslâns (unten).

In den Dünen des Naturreservats De Slufter auf Texel ...

... und am Strand von De Koog

»NEA WAARD DY FÊSTE, TAAIE BÂN FERBRUTSEN, DY'T FRIEZEN OAN HAR LÂN FERBÛN – NIE WURDE DAS FESTE, ZÄHE BAND GEBROCHEN, DAS FRIESEN UND IHR LAND VERKNÜPFTE.«

Aus der inoffiziellen Nationalhymne von Fryslân

INSEL DER SCHAFE

Waddeneilanden nennen die Niederländer die Inselkette der Westfriesischen Inseln. Größte der Inseln ist Texel, bei Badeurlaubern aus dem eigenen Land und aus Deutschland besonders beliebt. Am Strand und den Dünen allein kann es nicht liegen. Die sandige Inselseite bringt es zwar auf stattliche 30 Kilometer Länge und ist zu allen Jahreszeiten ein Erlebnis, doch ähnlich schöne und lange Strände besitzen auch Vlieland, Terschelling, Ameland und Schiermonnikoog.

Für Texel spricht die gute Anbindung: Mit der Fähre dauert der Hüpfer zum Festland nur wenige Minuten. Ausschlaggebender jedoch ist, dass sich Texel als „Holland en miniature" gibt. Man braut sein eigenes Bier, stellt Käse, Eis und Schokolade her, brennt Schnaps und keltert sogar Wein. Und auch sonst braucht man sich kulinarisch nicht vor dem Rest der Niederlande zu verstecken. Für einige Köstlichkeiten sind die Schafe verantwortlich, von denen es auf der Insel mehr als menschliche Einwohner gibt: Durch das salzhaltige Gras, das die Tiere fressen, bekommt das Lammfleisch einen besonders würzigen Geschmack. Alle Lämmer sind Texelaars, also von der speziellen Schafrasse der Insel, und mindestens 100 Tage alt, bevor sie geschlachtet werden. Frisches Lammfleisch bekommt man von April bis November – früh im Jahr als zartes „Milchlamm", später dann als das etwas würzigere „Graslamm".

WALSTRANDUNGEN IN DER NORDSEE

Eine der jüngsten Attraktionen Texels ist die Wal-Halle im Naturkundemuseum EcoMare, in der unter anderem das Skelett eines 2012 vor der Insel gestrandeten Pottwalmännchens ausgestellt wird. Das Phänomen der Walstrandungen ist zwar seit Jahrhunderten bekannt, über die wirklichen Ursachen gibt es bis heute allerdings nur vage Theorien.

Es gibt Jahre, in denen viele verendete Pottwale an die Strände des Wattenmeers gespült werden. Der Winter 2015/2016 war so einer mit mindestens zwölf – zwei auf Wangerooge, einer vor Bremerhaven, zwei bei Helgoland, einer in der Nähe von Büsum und eben sechs an der Küste von Texel. Eine Theorie besagt, dass Strandungen besonders häufig nach Sonnenstürmen auftreten, die das Magnetfeld der Erde durcheinanderbringen, das wiederum den Pottwalen als Orientierung dient. Die Wale verirren sich dann in die vergleichsweise flache Nordsee, wo es keine Nahrung für die Meeresriesen gibt. Im Dezember 2015 war die Sonne besonders aktiv – Zufall oder Kausalität?

Erlebnisse für kleine Besucher

ALLES ANDERE ALS LANGWEILIG

Was kann ein Museumsbesuch für eine Qual sein – jedenfalls aus Kindersicht. Dass es auch ganz anders geht, zeigen die Niederlande. Hier kann es im Gegenteil schwierig werden, den Nachwuchs wieder nach Hause zu bekommen. Diese Sehenswürdigkeiten sind auch bei gutem Wetter eine ernst zu nehmende Konkurrenz zu Strand und Meer.

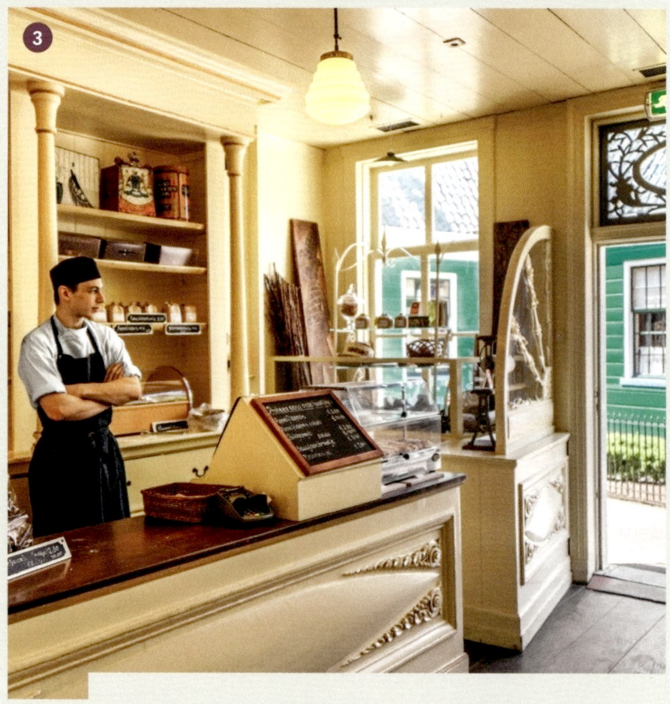

❶ Märchenpark – Sprookjesbos

Der Freizeitpark in der Nähe von Maastricht ist vor allem etwas für Familien mit kleineren Kindern. Wegen der vielen Attraktionen und Aktivitäten sollte man sich für den Park einen ganzen Tag Zeit nehmen. Für den Nachwuchs gibt es im Märchenwald ein Labyrinth, einen Steinbruch, ein Erlebniskino, diverse Fahrgeschäfte, Spielplätze und vieles mehr.

Sprookjesbos, Sibbergrubbe 2a, Valkenburg aan de Geul, www.sprookjesbos.nl; wechselnde Öffnungszeiten siehe Webseite

❷ EcoMare

Ein Pottwal, der im Dezember 2012 in der Nähe von Texel tot auf einer Sandbank strandete, hat das Geld für seine Ausstellung buchstäblich selbst mitgebracht. Bei der Untersuchung des Kadavers fanden sich nämlich mehrere Kilo Amber – ein wertvoller Stoff, der bei der Produktion teurer Parfüms eingesetzt wird. Wegen seines hohen Werts wird es auch „schwimmendes Gold" genannt. Mit dem Erlös, den der Verkauf des Amber erzielte, wurde im Naturkundemuseum EcoMare eine Wal-Halle eingerichtet, in dem der besagte Pottwal (und etwas von seinem Amber) sowie andere auf Texel gestrandete Wale ausgestellt sind. Hier läuft man im wahrsten Sinne des Wortes durch die Skelette der Wale hindurch.

EcoMare, Ruijslaan 92, De Koog/Texel, www.ecomare.nl; tgl. 9.30–17.00 Uhr; ermäßigter Eintritt für Kinder von 4 bis 18 Jahren

❸ Niederländisches Freilichtmuseum

Der Besuch des Niederländischen Freilichtmuseums ist wie eine Zeitreise durch die letzten 200 Jahre, gespiegelt werden hier alle Provinzen des Landes. Alte Bauernhöfe, Häuser und Handwerksbetriebe laden zum Erforschen und Ausprobieren ein. Kinder dürfen überall mit anpacken, ausprobieren, klettern und herumtollen. Und nicht zuletzt die vielen dort lebenden Tiere streicheln. Erschlossen wird die Anlage durch eine historische Straßenbahn – ein Erlebnis für sich. Das Freilichtmuseum wurde zweimal vom Kinderprogramm der niederländischen Rundfunk- und Fernsehanstalten mit der Bestnote ausgezeichnet.

Nederlands Openluchtmuseum, Hoeferlaan 4, Arnhem, https://openluchtmuseum.nl; Ende März–Okt. Mo.–Fr. 10.00–17.00, Sa. und So. bis 18.00 Uhr, sonst nur an Wochenenden und eingeschränkt; Kinder unter 4 Jahren kostenlos, von 4 bis 12 Jahren ermäßigter Eintritt

4 Burgers' Zoo

Tiere sind ohnehin hochinteressant für Kinder. In Burgers' Zoo wird der Besuch aber nochmals spannender, denn hier können Kinder zu unterschiedlichen Themen auf Schnitzeljagd gehen. Der riesige Spielplatz gefällt Großen und Kleinen, denn er ist so angelegt, dass die Eltern eine Pause bei Kaffee und Kuchen einlegen können, gleichzeitig aber den Nachwuchs im Blick haben.

Burgers' Zoo, Antoon van Hooffplein 1, Arnhem, www.burgerszoo.de; April bis Okt. tgl. 9.00–18.00, sonst tgl. 9.00–17.00 Uhr; Kinder bis 4 Jahre kostenlos, bis 9 Jahre geringe Ermäßigung beim Eintritt

5 Museum für mechanische Musik

Im Museum für mechanische Musik in Utrecht, dem Museum Speelklok, sind regelrechte Musikmaschinen ausgestellt, die auf abenteuerlichste Weise Töne hervorzaubern. Ein Abenteuer für Kinder, die hier auch viel ausprobieren dürfen. Unbedingt sollte man an der kostenlosen, sachkundigen und stets witzigen Führung teilnehmen.

Museum Speelklok, Steenweg 6, Utrecht, www.museumspeelklok.nl; Di. bis So. 10.00–17.00 Uhr; Kinder bis 12 Jahre ermäßigt

6 Het van Kinderen Museum

Mehr Kreativwerkstatt als Museum – zwar wird hier auch Kunst von Kindern ausgestellt, es geht aber vor allem darum, selbst zu malen, zu basteln und auszuprobieren. Größere Aufgaben, wie etwa den Bau einer elektrischen Gitarre, löst man im Rahmen von Workshops.

Het van Kinderen Museum, Waldeck Pyrmontkade 116, Den Haag, www.kidsproof.nl; Mi. 14.00 bis 16.00 (nur mit Reservierung), So. 12.00–16.00 Uhr (auch ohne Reservierung)

7 Madurodam

Die ganzen Niederlande im Miniformat. Auf dem riesigen Gelände in Den Haag sind 300 Modelle der wichtigsten Bauwerke des Landes im Maßstab 1:25 aufgebaut, viele davon sind animiert. In den einzelnen Bereichen des Parks kann man sehen, wie sich die Städte entwickelt haben, welche Rolle das Wasser für die Niederlande spielt und was für sie als modernen Staat wichtig ist. Schon auf einem Rundgang durch Madurodam wird der Nachwuchs begeistert sein, doch sollten Eltern noch genügend Zeit für den Besuch des Spielplatzes „The Waddenzee" einplanen. Der Park war Anfang der 1950er-Jahre von einem Ehepaar als Erinnerung an ihren im Konzentrationslager Dachau ermordeten Sohn erbaut worden: George Maduro (1916–1945) war eine der wichtigsten Personen im niederländischen Widerstand gegen Nazi-Deutschland.

Madurodam, George Maduroplein 1, Den Haag/Scheveningen, www.madurodam.nl; Ende März bis Aug. tgl. 9.00–20.00, Sept., Okt. tgl. 9.00–18.00, Jan.–März, Nov. und Dez. tgl. 11.00–17.00 Uhr

Maßstab 1:800.000
0
10km
Noordzee
Ostfriesische Inseln
Waddeneilanden
Waddenzee
Nationalpark
Niedersächsisches Wattenmeer
IJsselmeer
Markermeer
Ketelmeer
Noordoostpolder
West-Friesland
Flevoland
DEUTSCHLAND
Texel
Vlieland (Flylân)
Terschelling (Skylge)
Ameland (It Amelân)
Schiermonnikoog (Skiermûntseach)
Borkum
Juist
Norderney
Baltrum
Memmert
Rottumerplaat
Rottumeroog
Simonszand
GRONINGEN
Leeuwarden (Ljouwert)
AMSTERDAM
HAARLEM
ZAANSTAD
Den Helder
Alkmaar
Hoorn
Enkhuizen
Lelystad
Zwolle
Assen
Emmen
Drachten
Harlingen (Harns)
Sneek (Snits)
Heerenveen
Meppel
Hoogeveen
Coevorden
Emden
Norden
Aurich
Leer (Ostfr.)
Papenburg
Meppen
Lingen (Ems)
Nordhorn
Almelo
Newcastle-upon-Tyne

VON FRIESLAND AUF DIE INSELN

Die Studentenstadt Groningen darf sich mit den Titeln „Beste Binnenstadt der Niederlande" und „Fahrradstadt Nummer eins" schmücken. In Friesland ist man stolz auf Eigenständigkeit und das Friesische als Muttersprache. Auf den Westfriesischen Inseln fühlen sich vor allem Badeurlauber und Naturliebhaber wohl.

1 Groningen

Das über 1000 Jahre bestehende Herz der im Ursprung zugleich friesisch und sächsischen Provinz Groningen hat 238 000 Einwohner. Groningen besitzt einen historischen Stadtkern, der in den letzten Tagen des Zweiten Weltkriegs sehr gelitten hat, und sehenswerte moderne Architektur, gute Einkaufsmöglichkeiten und dank der 1614 gegründeten Universität mit über 20 000 Studierenden auch eine junge Bevölkerung.

SEHENSWERT

Am **Grote Markt,** dem Zentrum, findet man das neoklassizistische **Rathaus** (bis 1810) mit modernem Anbau, der das filigrane Gebäude des **Goudkantoor** (Goldkontor, 1635) mit seiner prächtigen Renaissancefassade leider erdrückt. Im ehem. Goldkontor befindet sich heute ein kleines Restaurant (Waagplein 1; tgl. 10.00–22.00 Uhr). Seit bald 800 Jahren prägt die romanisch-gotische **Martinikerk** das Stadtbild am Grote Markt (Fresken 16. Jh., Orgel 1480); lohnend ist die Aussicht vom 96 m hohen Turm (www.martinikerk.nl; wechselnde Öffnungszeiten, meist 11.00–16.00 Uhr). Der **Prinsenhof,** im 15. Jh. als Kloster erbaut und später Residenz von Bischof und Stadthalter, beherbergt heute ein Hotel und Restaurant. Hinter dem Prinsenhof liegt der Prinsenhoftuin, ein Rosen- und Kräutergarten mit Wandelgang, der nach den Idealen der Renaissance gestaltet wurde.

MUSEEN

Nicht nur im **Groninger Museum** wird Kunst zelebriert, auch das 1994 eingeweihte Museumsgebäude gilt als Kunstwerk und modernes Wahrzeichen der Stadt: ein buntes, vielfach verschachteltes Gebäude auf einer Insel. Hochkarätig sind die Ausstellungen mit Werken aus dem 16. bis ins 20. Jh., darunter auch die ganz großen Namen Rembrandt und van Gogh (Museumeiland 1, www.groningermuseum.nl; Di.–So. 10.00–17.00 Uhr).

Im **Museum aan de A** wird die Geschichte der Schifffahrt vom Mittelalter bis zur Gegenwart erzählt, wobei der Schwerpunkt auf dem Norden der Niederlande liegt (Brugstraat 24, https://museumaandea.nl; Di.–Sa. 10.00–17.00, So. 13.00–17.00 Uhr).

Oldtimertreffen auf der Festung Bourtange (oben); Groningens Martinikerk (rechts oben) und das Rathaus (rechts unten)

EINKAUFEN

Groningen ist eine Shoppingstadt. Fündig wird man vor allem in der **Herestraat** und ihren kleineren Nebenstraßen wie **Folkingestraat, Oude Kijk in 't Jatstraat, Zwanestraat** und **Grote Kromme Elleboog.** Man sollte sich nicht von dem Namen „Bonbon Atelier Luca" irreführen lassen, denn Karin Luca fertigt in ihrem kleinen Laden feinste Pralinen (Grote Kromme Elleboog 12, www.bonbonatelierluca.nl; Mi.–Fr. 10.00–18.00, Sa. 10.00–17.00 Uhr).

ERLEBEN

Seit einigen Jahren bieten deutsche Studenten zweistündige **Stadtführungen** an (Buchungen im VVV-Infoladen oder per Mail gidsenteam@vvvgroningen.nl).

HOTEL UND RESTAURANTS

Das kleine zentrale **€ € Asgard Hotel** besticht durch ruhige Farben und Naturmaterialien. Sein Frühstücksbuffet ist klein, aber vom Feinsten und Bio (Ganzevoortsingel 2-1, NL-9711 AL Groningen, Tel. 05 03 68 48 10, www.asgardhotel.nl). Das **€ € Prinsenhof Grand Café** ist in der früheren Kirche des Gebäudekomplexes untergebracht; vorzüglich die hauseigene Konditorei, beliebt zur Tea Time, aber man sitzt hier auch gut zum Lunch oder Dinner (Martinikerkhof 23, Tel. 05 03 17 65 50, https://prinsenhof.nl; tgl. ab 11.30 Uhr). Auf dem **€ Pannekoekschip,** einem gut 100 Jahre alten Zweimaster, gibt es diverse Pfannkuchen, süß oder herzhaft je nach Geschmack (Schuitendiep 1017, Tel. 05 03 12 00 45, www.pannekoekschip.nl; tgl. 12.00–20.30 Uhr).

UMGEBUNG

Bourtange (60 km östl.) an der deutschen Grenze liegt innerhalb einer sternförmigen Festung, die um 1580 von Wilhelm von Oranien

gegen die spanisch besetzte Stadt Groningen errichtet wurde. **Winschoten** (40 km östl.) ist vor allem für seine drei Getreidemühlen – „De Berg" (1854), „De Volharding" (1783) und „Dijkstra" (1862) – bekannt.
Den **Nationalpark Lauwersmeer** (50 km nordw.) mit seinen Wiesen, Schilffeldern, Wäldern und einer vielfältigen Tierwelt kann man am besten auf einer rund 45 km langen Radtour mit Ausgangspunkt Zoutkamp erkunden.

INFORMATION
VVV Groningen, Nieuwe Markt 1, (Forum Groningen), 9712 KN Groningen, Tel. 05 03 13 97 41, www.visitgroningen.nl

2 Leeuwarden

Die „Metropole" der Provinz Friesland (127 000 Einw.), 2018 Kulturhauptstadt Europas, besitzt eine von Grachten umgebene Altstadt mit stattlichen Bürgerhäusern. Wahrzeichen ist seit dem 16. Jh. der schiefe und unvollendet gebliebene Kirchturm Oldehove. Urspr. lag der Handelsort am Wasser und war einst Sitz des friesischen Statthalters. In Leeuwarden wurde die Tänzerin und sagenumwobene Spionin Mata Hari geboren (1876–1917).

MUSEEN
Das **Fries Museum** zeigt in einem architektonisch gelungenen Neubau im Zentrum Kunst, Kultur und Geschichte Frieslands; auch Mata Haris mysteriöse Lebensgeschichte ist Thema (Wilhelmaplein 92, www.friesmuseum.nl; Di. bis So. 11.00–17.00 Uhr). Im **Museum Het**

Blütenpracht in Texels Dünenlandschaft (oben). Seit 1854 ragt der Leuchtturm Noordertoren über Schiermonnikoog auf (rechts).

Princessehof werden kostbare Keramik aus Asien, Jugendstil-Keramik, Fayencekacheln und Werke zeitgenössischer Keramikkünstler gezeigt (Grote Kerkstraat 11, www.princessehof.nl; Di.–So. 11.00–17.00 Uhr).

RESTAURANT
Auf dem **€ 't Pannekoekschip,** einem alten Zweimaster, gibt es für jeden Geschmack den richtigen Pfannkuchen (Willemskade 69, www.pannekoekschipleeuwarden.nl; Di., Mi. ab 16.30, Do.–So. ab 12.00 Uhr).

INFORMATION
VVV Leeuwarden, Sophialaan 4, NL-8911 AE Leeuwarden, Tel. 05 82 34 75 50, www.visitleeuwarden.com

3 Harlingen

Von der auf das 13. Jh. zurückgehenden Hafenstadt (16 000 Einw.) legen die Fähren nach Vlieland und Terschelling ab. Auch der Fischereihafen ist noch von Bedeutung.

SEHENSWERT
In der **Altstadt** stehen entlang der Grachten viele sehenswerte Häuser mit Treppengiebeln; auch das **Rathaus** (1736) lohnt einen näheren Blick. Die **Grote Kerk** von 1775 steht auf einem Hügel; einst war es der höchste Punkt der Warft. Jenseits des Hafens liegt ein Sandstrand, an dem ein Pavillon zur Rast einlädt.

MUSEUM
Im **Museum Hannemahuis** wird anhand von Schiffsmodellen, Gemälden, Stadtplänen u.a. Harlingens Geschichte erzählt (Voorstraat 56, https://hannemahuis.nl; Di.–Sa 10.00–17.00, So. 12.00–17.00 Uhr).

HOTEL
Ruhig und doch mitten im Stadtzentrum liegt das **€ € Hotel Almenum**. In einem renovierten Lagerhaus aus dem 17. Jh. wohnt man in großzügigen Appartements oder Zimmern (Kruisstraat 8–14, NL-8861 EB Harlingen, Tel. 02 50 31 173, www.hotelalmenum.nl).

INFORMATION
VVV Harlingen, Grote Bredeplaats 12, NL-8861 BB Harlingen, Tel. 05 17 43 02 07, www.friesland.nl

4 Texel

Nur rund 20 Min. benötigt die Autofähre vom Festlandshafen Den Helder bis nach Texel (14 000 Einw.), der größten der Westfriesischen Inseln. Diese leichte Erreichbarkeit, ihre abwechslungsreiche Landschaft, die Tier- und Pflanzenwelt, gemütliche Orte und natürlich der schier endlose Sandstrand machen die Insel – auch bei deutschen Urlaubern – zur Nummer eins der holländischen „Waddeneilanden".

SEHENSWÜRDIGKEITEN
Hauptort ist **Den Burg** im Inselinnern mit lebhafter Fußgängerzone, einer Kirche aus dem 15. Jh. und dem inselhistorischen Museum in einem Backsteinhaus von 1599. Wegen der Strandnähe touristisch bedeutender ist aber **De Koog,** der einzige echte Badeort auf Texel. Beliebtes Ausflugsziel ist der **Vuurtornen Texel,** ein 150 Jahre alter Leuchtturm an der Nordspitze, von dem man die Insel überblickt (www.vuurtorentexel.nl; Mitte Feb.–Anf. Nov. tgl. 10.00–17.00 Uhr, sonst Mi., Sa. und So. 10.00–17.00 Uhr).

Tipp

Planetarium im Wohnzimmer

Schaut man in dem kleinen Grachtenhaus an die Wohnzimmerdecke, sieht man das gesamte Sonnensystem. Gegen Ende des 18. Jh.s hat Eise Eisinga sieben Jahre an diesem Meisterwerk getüftelt und gewerkelt. Doch sein Planetarium ist nicht nur eine schöne Dekoration, denn wenn man über eine Treppe hinaufsteigt, sieht man die aufwendige Mechanik, die die Planeten auch heute noch mit der exakt richtigen Geschwindigkeit um die Sonne kreisen lässt (Abb. S. 58). Seit 2023 gehört das Planetarium zum UNESCO-Welterbe.

INFORMATION
Eise Eisinga Planetarium, Eise Eisingastraat 3, Franeker östl. Harlingen, www.eisinga-planetarium.nl; April bis Okt. Mo. 11.00–17.00, Di.-Sa. 10.00 bis 17.00, So. 11.00–17.00 Uhr, sonst Mo. geschl.

IM NIEDERLÄNDISCHEN WATTENMEER LIEGEN FÜNF KLEINE PARADIESE. WELCHES IST DAS SCHÖNSTE?

MUSEEN
Im **Schipbreuk- en Juttersmuseum Flora** zwischen Den Burg und De Koog lässt sich bestaunen, was das Meer im Laufe der Jahre angespült hat – vom Gummistiefel bis zum Rettungsboot (Pontweg 141 A, www.juttersflora.nl; tgl. 10.00–17.00 Uhr). Blicke zurück bietet auch die **Oudheidkamer** (Kogerstraat 1, Den Burg, www.oudheidkamertexel.nl; April bis Okt. Mo.–Fr. 11.00–17.00, Sa. 11.00–16.00 Uhr). Im **EcoMare** bekommt man auf unterhaltsame Weise erklärt, wie Nordsee und Wattenmeer funktionieren: Fischbassins, Robbenbecken, Seehundauffangstation, Führungen durch die Dünen und vieles mehr werden geboten. Größte Attraktion ist das Skelett eines vor Texel gestrandeten Pottwals (Ruijslaan 92, De Koog, www.ecomare.nl; tgl. 9.30–17.00 Uhr).

UMGEBUNG
Wie Perlen auf einer Schnur liegen die Westfriesischen Inseln vor der Nordküste.
Die autofreie Insel **Vlieland** ist mit der Fähre von Harlingen aus zu erreichen (1½ Std., mit dem Schnellboot ¾ Std.). Die einzige Siedlung ist Oost-Vlieland (1150 Einw.); ein weiteres Dorf, West-Vlieland, wurde 1736 durch eine Sturmflut zerstört. Waldgebiete, eine Düne und der breite Strand sind die Höhepunkte.
Auf **Terschelling,** der zweitgrößten Insel, leben rund 5000 Menschen. Die Schiffe von Harlingen kommen im wichtigsten Ort West-Terschelling an, das touristische Zentrum ist Midsland. Entlang der Nordküste erstreckt sich ein breiter Strand, zum Festland hin gibt es größere Waldgebiete. Den eigenen Wagen kann man mit auf die Insel nehmen, doch Hauptverkehrsmittel ist das Fahrrad.
Die Fähre von Holwerd legt auf **Ameland** (3500 Einw.) im Hauptort Nes an. Das eigene Auto mit auf die Insel zu nehmen, macht nicht viel Sinn, denn mit dem Fahrrad kommt man bequem überall hin. Große Teile der Insel stehen zum Schutz des artenreichen Vogellebens unter Naturschutz. Der 27 km lange Sandstrand, aber auch die Dünen und Wälder machen den Reiz der Insel aus.
Schiermonnikoog TOPZIEL, die östlichste der Inseln, verdankt ihren Namen Zisterziensermönchen, die sich hier im 12. Jh. angesiedelt hatten. Die autofreie Insel erreicht man mit der Fähre von Lauwersoog, man landet im einzigen Inselort Schiermonnikoog. Die Insel besteht zum Großteil aus Strand, Dünen und Salzwiesen und ist seit 1988 Nationalpark.

INFORMATION
VVV Texel, Emmalaan 66, NL-1791 AV Den Burg, Tel. 02 22 31 47 41, www.texel.net
VVV Vlieland, Havenweg 10, NL-8899 BG Vlieland, Tel. 05 62 45 11 11, https://vlieland.net
VVV Terschelling, Willem Barentszkade 19A, NL-8881 BC West-Terschelling, Tel. 05 62 44 30 00, www.vvvterschelling.nl
VVV Ameland, Bureweg 2, NL-9163 KE Nes, Tel. 05 19 54 65 46, www.vvvameland.nl
VVV Schiermonnikoog, Reeweg 9, NL-9166 PW Schiermonnikoog, Tel. 05 19 53 12 33, www.vvvschiermonnikoog.nl

WANDERN DURCH DIE DÜNEN TEXELS

Der Löffler stakst durchs seichte Wasser, immer wieder taucht er seinen Kopf unter, bewegt ihn hin und her. Durch dieses Pendeln, der Fachmann spricht vom „Seihen", filtert der Vogel mit seinem breiten Schnabel die Nahrung aus dem flachen Wasser. Doch nicht nur der Löffler fühlt sich im Nationalpark Duinen van Texel (Dünen von Texel) wohl. 80 weitere Vogelarten leben hier, darunter seltene Exemplare wie Sumpfohreule und Zwergschwalbe. Der rund 5000 Hektar große Nationalpark zieht sich über 22 Kilometer an der gesamten Westküste der Insel entlang und bietet eine solche landschaftliche Vielfalt, wie man sie auf so engem Raum nirgendwo in den Niederlanden findet.

Auch das ist eine Facette des Nationalparks: die Salzwiesen von De Slufter.

Die höchsten Dünen wachsen bis 25 Meter in die Höhe. So wähnt man sich in einem Gebirge im Kleinformat. Denn wie in den Alpen geht es auch hier hinauf und hinunter, auf „Bergspitzen" folgen Täler, in einigen liegen sogar tiefblaue Seen. Salzwiesen und Heide geben der Landschaft ein ganz eigenes Gepräge; es wachsen hier viele seltene Pflanzen wie das Gefleckte Knabenkraut. Und wenn im Herbst Strandflieder und Grasnelken blühen, überziehen sie die Dünenlandschaft mit einem lila-rosa Schimmer.

Kein Wunder, dass bei so viel Naturschönheit die Dünen von Texel mit etwa fünf Millionen Besuchern pro Jahr der meistbesuchte Nationalpark der Niederlande sind. Die Pfade sind perfekt ausgeschildert und machen die Orientierung leicht. Ohnehin ist Texel nicht nur ein Bade-, sondern auch ein Wanderparadies: Ein Wegenetz von mehr als 220 Kilometern durchzieht die gesamte Insel. Und wer die Natur lieber auf dem „fiets" erkundet, findet nicht minder gut markierte Fahrradwege vor – lediglich der Gegenwind mag mitunter das Fahrvergnügen trüben.

Über das Ecomare (siehe links) können Naturexkursionen im Nationalpark gebucht werden. Infos zum Nationalpark gibt es unter www.npduinenvantexel.nl und www.texel.net.

Utrecht · Gelderland · Overijssel

VOLLER TEMPERAMENT

„Die Leute an der deutschen Grenze sind temperamentvoller als die, die am Meer wohnen. Sie sind ein bisschen wie eure Rheinländer.“ Das hört man oft, wenn man in den Niederlanden unterwegs ist. Utrecht liegt zwar im Herzen des Landes, hier aber sorgen die vielen Studierenden für Stimmungshochs.

Keine Niederlande ohne Klappbrücke – auch nicht im Niederländischen Freilichtmuseum in Arnhem

An einem Überrest der Zuiderzee, am Eemmeer, finden Traitionsschiffer im kleinen Spakenburg einen Liegeplatz.

MIT SEINEN GRACHTEN UND MALERISCHEN HÄUSERN ERINNERT UTRECHT EIN WENIG AN AMSTERDAM.

Der niederländische König wurde in Utrecht geboren. Willem-Alexander kam hier am 27. April 1967 zur Welt. Aufgewachsen ist er ganz in der Nähe im Schloss Drakensteyn in der Gemeinde Baarn. In Utrecht hat man aber offenbar genug zu bieten, denn nirgends wird mit dem König Werbung gemacht.

Mitte des ersten nachchristlichen Jahrhunderts kamen die Römer vorbei und bauten ein Lager. Sie gedachten, hier ihre Nordgrenze zu befestigen. Die hochfliegenden Pläne, noch weiter nördlich ins Friesische vorzustoßen, wurden recht bald ad acta gelegt. Praktisch war es allemal, sich hier festzusetzen, bildete der Rhein doch eine natürliche Barriere, um die „Barbaren" vom Übertritt ins Reich abzuhalten. Nüchtern nannten die Römer ihre neue Siedlung Ultra Traiectum, was schlicht „jenseits des Flussübergangs" heißt. Daraus hat sich der Name Utrecht zurechtgeschliffen.

Römische Überreste findet man bis heute – allerdings ein paar Meter unter der Erde. Denn Utrecht blieb auch in späteren Jahrhunderten eine bedeutende Stadt, und praktischerweise baute man jede neue Epoche auf den Ruinen der alten auf. Im Laufe der Jahrhunderte wuchs also Utrecht ein paar Meter in die Höhe. Unterirdisch kann man aber einen Spaziergang durch die Geschichte der Stadt machen. DomUnder nennt sich das Projekt, das in den Katakomben des Doms zu den Überresten früherer Jahrtausende führt.

Heute ist die Stadt aber weniger in die Vergangenheit, sondern mehr in die Zukunft ausgerichtet. An der Universität und den Hochschulen der Stadt sind mittlerweile mehr als 70 000 Studierende eingeschrieben. Diese junge und vitale Atmosphäre spürt man auch als Tourist – spätestens dann, wenn man eine der Bars oder Kneipen betritt. Entlang der Grachten wird im Sommer laut und stimmungsvoll unter freiem Himmel gefeiert.

GROSSE KUNST IM NATURIDYLL

Der Nationalpark De Hoge Veluwe liegt zwar schon in Utrechts Nachbarprovinz Gelderland, bei den kurzen Entfernungen in den Niederlanden gehört er jedoch noch zu den Wochenendausflugszielen der Utrechter. Weite, offene Flächen erwartet man ja nicht in dem dichtbevölkerten Land. Hier aber kann man das Auge schweifen lassen, ohne dass der Blick auf ein Haus trifft.

Über eine halbe Million Besucher kommen jedes Jahr, um den Ort zu erleben, an dem sich Fuchs und Hase gute Nacht sagen – und Hirsche, Rehe und

Huis Doorn hat seinen Ursprung im 14. Jahrhundert, Ende des 18. Jahrhunderts wurde es zu einem eleganten Landsitz umgestaltet. Ex-Kaiser Wilhelm II. erwarb das Schlösschen 1919 für sein Exil.

Die Oude Gracht durchquert die Utrechter Altstadt. An ihr stehen noch gemütliche alte Häuser (rechts), an ihr wird aber auch gern gefeiert (links).

Französische Vorbilder sind unübersehbar: Königssitz Het Loo in seinem Park.

Das Kröger-Müller'sche Jachthuis Sint Hubertus wurde samt dem umliegenden Hoge Veluwe in eine Stiftung eingebracht und zum niederländischen Rijksmonument erklärt.

Wildschweine gibt es obendrein. Das ist mehr Naturerlebnis, als man in den meisten anderen Regionen des Landes geboten bekommt.

Mitten im Park liegt ein Juwel ganz anderer Art – das Kröller-Müller Museum mit der weltweit zweitgrößten Sammlung von Werken von Vincent van Gogh. Der Park ist eine Stiftung eines Industriellenehepaars und spiegelt bis heute die Interessen der beiden wider. Während sich der Ehemann über Jahre hinweg ein immer größeres Jagdrevier zusammenkaufte, erweiterte die Gemahlin mit geschickter Hand ihre hochkarätige Kunstsammlung, die dann in das Museumsgebäude von Henry van de Velde zog.

DIE STADT MIT DER BRÜCKE

In unmittelbarer Nachbarschaft findet sich noch ein weiterer Nationalpark. Veluwezoom wurde 1931 gegründet und ist damit das älteste Schutzgebiet der Niederlande. Mit dem 90 Meter hohen Posbank erhebt sich ein für niederländische Verhältnisse riesiger Berg in dem Park, von dem aus man bei gutem Wetter bis zu 20 Kilometer weit ins Umland schauen kann. Arnhem, die Hauptstadt der Provinz Gelderland, liegt nur einen Steinwurf von den beiden Nationalparks entfernt. Bekannt ist sie wegen ihrer „Brücke" – die gegen Ende des Zweiten Weltkriegs heiß umkämpft war und mit deren Verteidigung Nazi-Deutschland

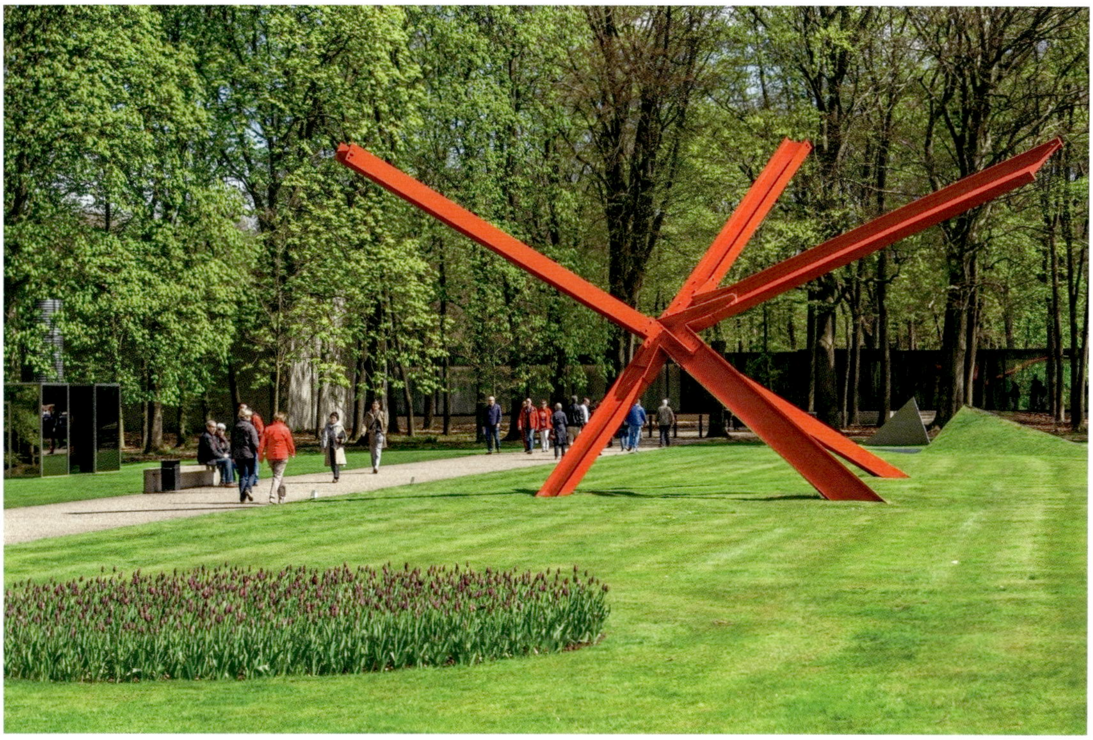

„K-piece" nennt sich diese Skulptur von 1972 des US-amerikanischen Bildhauers Mark di Suvero; zu sehen ist sie im Skulpturenpark beim Museum Kröller-Müller.

seinen letzten militärischen Erfolg des Krieges feiern konnte – letztendlich wurde dadurch dessen Ausgang aber nicht beeinflusst.

Geldern, die Stadt, nach der die Provinz benannt ist, liegt übrigens nicht mehr in den Niederlanden – sie gehört bereits zum deutschen Bundesland Nordrhein-Westfalen.

BEI DEN BLAUFINGERN

Der Name der Nachbarprovinz Overijssel, meint nichts anderes als „oberhalb der Ijssel" – und mit der Aussage liegt man immer noch richtig. Der Fluss hatte im Mittelalter für Wohlstand gesorgt, damals gehörten fast alle größeren Städte der Region zur Hanse und verdienten mit Handel gutes Geld. Auch die heutige Hauptstadt Zwolle gehörte dem Bund an – und offenbar war man dort besonders geschäftstüchtig.

Eine Anekdote erzählt, wie die Zwoller ihren Nachbarn aus Kampen eine beschädigte Kirchenglocke zu einem völlig überhöhten Preis verkauft hatten. Die wiederum rächten sich und bezahlten die Rechnung mit kleinen Münzen. Tagelang mussten die Zwoller nachzählen, um herauszufinden, ob die Kampener korrekt bezahlt hatten. Vom Zählen der Münzen bekamen sie blaue Finger und werden seitdem „Blauwvingers" genannt. Am Anfang war das ein

Zu Kampens Altstadtschmuckstücken gehört das 1543 erbaute Stadhuis in der Oudestraat (rechts). Auf Zwolles Grote Markt wacht Schutzpatron Erzengel Michael über die ihm anvertraute Stadt. „De Glazen Engel", der gläserne Engel, besteht aus 350 Lagen Glas (links unten).

Zwolles Sachsentor am Südrand der Altstadt ist das einzig gebliebene der einst sechs Stadttore (ganz links). In Ootmarsums gut erhaltener Altstadt lässt sich gemütlich über Kopfsteinpflaster bummeln (links).

Unterwegs in der Wasserwelt von Giethorn

Das Hofmeierhuis in Ootmarsums kleinem Freilichtmuseum

Landwirtschaft

Special

Schweine? Dritter Stock!

Windmühlen hinter Tulpenfeldern – die Agrarlandschaft der Niederlande sieht längst anders aus. Die wichtigen Exportgüter wachsen unter Glas, und auch bei der Viehzucht wird schon an der Zukunft gearbeitet.

Die Zeiten, in denen holländische Tomaten und Gurken als „saures Wasser, schnittfest gemacht" verhöhnt wurden, sind lange vorbei. Mittlerweile setzen niederländische Agrarprodukte geschmacklich und auch hinsichtlich der Umwelt Maßstäbe. Die Äcker unter Glas ermöglichen dank ihrer Isolation, mit deutlich weniger Pflanzenschutzmitteln auszukommen, im besten Fall sogar ganz ohne. Zudem lässt sich viel gezielter – und damit reduzierter und ressourcenschonender – düngen als im Freiland, denn die Pflanzen wachsen nicht im Boden, sondern in kleinen, oft mit Steinwolle gefüllten Containern. Befruchtet werden die Blüten mit eigens angesiedelten Insekten, meist Hummeln. Deren Zucht ist mittlerweile ein eigener Erwerbszweig.

Geht es nach den Agrar-Avantgardisten, soll diese im Vergleich zur restlichen Agrarwirtschaft der Europäischen Union profitable Pflanzenhaltung nun zum Vorbild für die Schweinehaltung werden. Vertical Farming lautet die Devise, mehrstöckige Ställe, die auch einen gewissen Auslauf bieten. Schließlich sei die herkömmliche Haltung ein großer Flächenverschwender. Das drängende Gülleproblem einmal ganz außer Acht gelassen. In der schönen neuen Agrarwelt leben die Tiere nämlich in Stadtnähe, wenn nicht gar gleich in der Stadt. Ihre Stoffwechselprodukte ließen sich wunderbar in dezentrale Biokraftwerke einspeisen, für die Tiere quälend lange Transportwege würden sich verkürzen oder unnötig werden. Was sich futuristisch anhört – in den Niederlanden ist man einmal mehr offen für neue Wege.

Schimpfwort, heute sieht man das entspannter und lädt jedes Jahr im Juli zu den Blaufingertagen mit Markt und Musik ein. Und inzwischen sind auch die Kampener dann gern gesehene Gäste.

WAHRE SCHÖNHEIT LIEGT IM KLEINEN

Im äußersten nordwestlichen Eckchen von Overijssel, in einem einst riesigen Moorgebiet und etwa eine halbe Stunde Autofahrt von Zwolle entfernt, ist das „Venedig des Nordens" zu finden. Zugegeben, der Begriff wird für viele Städte gebraucht und ist in diesem Fall schon ziemlich hoch gegriffen, zählt doch das Dörfchen Giethoorn gerade einmal 2500 Einwohner. Immerhin spricht es für ein gewisses Selbstbewusstsein, wenn man sich mit der renommierten Lagunenstadt an der Adria vergleicht. Die Gegend um Giethoorn mit einem Labyrinth von Kanälen erinnert allerdings eher an den Spreewald. Das Boot – sprich Leihkanu – ist hier wie dort das Verkehrsmittel der Wahl.

Eigentlich hat man es gar nicht nötig, sich mit irgendjemandem zu vergleichen, denn wie für die ganzen Niederlande gilt auch hier der altbekannte Satz, dass Größe nicht alles ist und wahre Schönheit durchaus auch im Kleinen liegen kann.

Essen und Trinken

NICHT NUR „ESSEN AUS DER WAND“

Einfach, herzhaft und sättigend – so lässt sich die traditionelle holländische Küche charakterisieren. Doch mittlerweile gibt es auch viele Spitzenköche, die sich jedes Jahr mehr Sterne erkochen. Aber auch Fast Food – ob süß oder herzhaft – steht hoch im Kurs.

Hollands Käsewelt bietet durchaus mehr als „nur“ Gouda. Aber der ist nicht umsonst die Nr. 1.

Zu einem einst wie heute beliebten Wintergericht braucht man nur Kartoffeln, Gemüse und Fleisch; die Zutaten werden in einem Topf gekocht und anschließend mit einem Stampfer bearbeitet – schon ist das Stamppot fertig. Bei den Zutaten setzt der Fantasie nur der Inhalt der Speisekammer Grenzen, beliebt sind Möhren, Zwiebeln, Lauch, Kohl, Rüben, Rauchwurst, Speck oder Blutwurst. Manchmal gelingt dem einstigen Arme-Leute-Essen mit einer Scheibe gegrilltem Lachs sogar der Sprung auf die Speisekarte eines edlen Bistros.

Bei aller hochgeschätzten Hausmannskost, kulinarischen Genüssen sind die Holländer jedoch ganz und gar nicht abgeneigt, Traditionelles haben sie längst internationalisiert. Das merkt man sofort bei einem Bummel durch die Restaurantszene, das Angebot reicht – ähnlich wie in vielen anderen europäischen Städten – von Indisch und Japanisch über Chinesisch bis Italienisch und Türkisch. Auch die Kolonialzeit hat ihre Spuren hinterlassen, denn vor allem indonesische Einflüsse in der niederländischen Küche sind kaum zu übersehen, sie reichen von Pommes mit Erdnusssauce und Frühlingsrollen bis zur indonesischen Reistafel.

DER GRIFF NACH DEN STERNEN

Frankreich und das nahe Belgien gelten ja schon länger als kulinarische Großmächte, doch auch die Niederlande haben sich mit ehrgeizigen Spitzenköchen jedes Jahr ein paar mehr Michelin-Sterne erkocht. Mittlerweile schmücken sich landesweit mehr als 100 Restaurants mit mindestens einem der begehrten Sterne, womit das Land eine Top-Fünf-Position in Europa einnimmt. Kulinarisches Zentrum ist natürlich Amsterdam mit mehr als einem Dutzend Sternerestaurants. Aber auch in Rotterdam kann man exzellent – und teuer – dinieren.

Am anderen Ende der kulinarischen Skala tummeln sich die Imbissbuden, die es gefühlt an jeder Ecke gibt und die vor allem mit Frittiertem werben. Eine – bei uns so gut wie unbekannte – Steigerung des schnellen Genusses bilden die Automaten, in

Die Apeltaart zählt zu den Klassikern der holländischen Kaffeetafel. Besonders köstlich ist die des Amsterdamer Cafés Pompadour in der Huidenstraat.

Handfestes kommt gerne auf den Tisch: Uitsmijter mit Schinken und Käse, einfach nur Speck mit Ei oder Belegde Brodjes wie hier an einer Gracht in Amsterdam.

denen mundwarme Leckerbissen darauf warten, dass jemand ein Geldstück einwirft, das Glasfach öffnet und dann herzhaft in Frikandel, Krokette oder Bitterball beißt. „Essen aus der Wand" nennen die Holländer diese Erfindung, die schon seit Jahrzehnten ihre Liebhaber findet.

GANZ WICHTIG: DIE KÄSEWELT

Seit Frau Antje in den 1960er-Jahren begann, mit strahlendem Lächeln einen goldgelben Käselaib in die Kameras zu halten, kennen wir den Exportschlager unserer Nachbarn: Kaas. Unübertroffen in der Beliebtheit ist der Goudse Kaas, der Gouda, der nahezu zwei Drittel der Käseproduktion ausmacht. Er wird in unterschiedlichen Reifegraden angeboten: Jonge Kaas ist am kürzesten gereift und schmeckt sahnig mild. Belegen ist schon würziger im Geschmack und von festerer Konsistenz. Oude Kaas schmeckt am aromatischsten. Und dann sind da noch Edamer, Maasdamer und Leerdamer, die drei bei uns ebenfalls gut bekannt, während Beemster, Boeren Leidenkaas, Dutch Mimolette oder Commissiekaas, Friese Kaas und Leyden eher als etwas für die Käsekenner gelten.

Kroketten – gern auch mit Brot und Salat

WONACH GREIFEN DIE NIEDERLÄNDER?

Bei der Suche nach typisch Holländischem trifft man an jeder Ecke auf Pommes frites – im Norden Patat genannt, im Süden eher Friet, mit Mayonnaise, Erdnuss- oder Joopiesauce, die wiederum aus Mayonnaise, Currypulver und Zwiebeln besteht.

Nederlandse Poffertjes sind kleine, relativ dicke Pfannkuchen aus Weizen- und Buchweizenmehl, die in einer speziellen Pfanne, der Poffertjespan, gebacken werden. Zur süßen Leckerei, die auf keinem Markt fehlt, werden sie durch reichlich Puderzucker.

Ohne die rechte Süße geht es einfach nicht in den Niederlanden. In Deutschland nennen wir sie Schokostreusel, in Holland ist es Hagelslag. Die länglichen Schokostückchen sind der beliebteste Brotbelag, der direkt aus der Verpackung aufs gebutterte Brot gestreut wird. Kein Frühstücksbuffet kommt ohne Hagelslag aus.

Doch auch beim Lakritzverbrauch sind die Niederländer Spitze, ohne Dropjes geht es nicht. Die kleinen schwarzen Kaubonbons bekommt man süß oder salzig, hart oder weich, rund oder eckig, scharf oder mild und natürlich in allen nur erdenklichen Geschmacksrichtungen.

Und noch eine Leckerei: Man nehme zwei runde, knusprige Waffeln, bestreiche sie mit Sirup und klebe sie zusammen – schon hat man eine Stroopwafel. Auf Märkten bekommt man sie frisch und noch warm, abgepackt in jedem Supermarkt. Traditionell isst man sie zum Kaffee, Tee oder Kakao; damit der Sirup nicht ganz so zäh ist, legt man sie zum Erwärmen kurz auf die Tasse.

Nun steht es vielen eher nach etwas Herzhaftem. Abends in der Kneipe zum Bier, zwischendurch als Snack oder auf Partys sind Krokets, Bitterballen und Frikandellen gefragt, die alle ziemlich ähnliche Zutaten haben und sich nur in der Form unterscheiden. In Deutschland bestehen Kroketten nur aus Kartoffeln, in den Niederlanden haben sie eine Fleischfüllung und werden mit Senf gegessen. In Frikandellen steckt fein gehacktes Schweine-, Rind-, oder Geflügelfleisch, das mit Mehl gebunden und dann in Würstchenform frittiert wird. Die mit Rinderhack gefüllten Bitterballen werden als Bällchen ausgebacken.

Niederländer lieben die indonesische *Rijsttafel* (Reistafel). Der Brauch, bei feierlichen Anlässen viele indonesische Gerichte gleichzeitig zu servieren, wurde von Niederländern während ihrer Kolonialherrschaft in Indonesien ins Leben gerufen.

Waddenzee
Maßstab 1:800.000
0
10km
Leeuwarden
GRONINGEN
Harlingen
Drachten
Sneek
Heerenveen
Assen
Emmen
IJsselmeer
Markermeer
Hoorn
Enkhuizen
Lelystad
Flevoland
AMSTERDAM
Almere
Hilversum
UTRECHT
AMERSFOORT
Nieuwegein
Zeist
Zwolle
Kampen
Meppel
Hoogeveen
Coevorden
Nordhorn
Almelo
Hengelo
ENSCHEDE
Deventer
APELDOORN
Zutphen
Doetinchem
ARNHEM
NIJMEGEN
Oss
's-Hertogenbosch
TILBURG
EINDHOVEN
Helmond
Venlo
Kleve
Wesel
Bocholt
Dorsten
Dinslaken
MOERS
DUISBURG
KREFELD
BOTTROP
Gladbeck
DEUTSCHLAND
1
2
3
4
5

DURCH DIE NIEDERLÄNDISCHEN RHEINLANDE

In den Provinzen Utrecht, Gelderland und Overijssel sind traditionsreiche Städte zu finden – Nijmegen ist gar die älteste im Land – und mit dem Nationalpark De Hoge Veluwe ein einmaliges Naturjuwel. Das alle verbindende Element ist der Rhein, der mit seinen Nebenflüssen das Land durchzieht.

1 Utrecht

Mit gut 368 000 Einw. ist Utrecht die viertgrößte Stadt der Niederlande, als römische Gründung aus dem Jahr 48 n. Chr. und Hauptstadt der gleichnamigen Provinz zudem eine der ältesten des Landes. Bekannt ist Utrecht als Geburtsort von Papst Hadrian VI. (1459–1523) und für ihre 1636 gegründete Universität. Zudem gehört die verkehrstechnisch günstig gelegene, noch von einigen Grachten mit alter Bebauung durchzogene Stadt zu den industriellen Zentren des Landes.

SEHENSWERT
Mit 112 m ist der Turm des **Doms** höher als jeder andere Kirchturm des Landes; über 465 Stufen erreicht man die Aussichtsplattform. Aber auch unter der Erdoberfläche ist der eindrucksvolle Dombau (13.–16. Jh.) einen Besuch wert; bei der Führung DomUnder durchstreift man Ausgrabungen aus der fast 2000-jährigen Geschichte der Stadt (www.domunder.nl; Di. bis So. stündl. 10.30–16.30 Uhr).
Das 1924 erbaute **Rietveld-Schröder-Haus** gilt als Meisterwerk moderner Architektur und beispielhaft für die niederländische Stilrichtung De Stijl; es ist UNESCO-Welterbestätte (Prins Hendriklaan 50, www.rietveldschroderhuis.nl/en; Di.–So. 11.00–16.00, Fr. bis 21.00 Uhr; Einlass nur mit vorab online gebuchten Tickets).

MUSEEN
Ein früherer Klosterbau beherbergt das der christlichen Kulturgeschichte der Niederlande gewidmete **Museum Catharijneconvent** (Lange Nieuwstraat 38, www.catharijneconvent.nl; Di.–Fr. 10.00–17.00, Sa. und So. 11.00–17.00 Uhr). In der ehem. Stadtkirche (13.–16. Jh.) zeigt das Museum für mechanische Musik Drehorgeln und selbstspielende Instrumente (**Museum Speelklok,** Steenweg 6, www.museumspeelklok.nl; Di.–So. 10.00–17.00 Uhr).
Im **Spoorwegmuseum** schlagen die Herzen aller Eisenbahnfreunde höher, präsentiert es doch alles über die rund 185-jährige Bahngeschichte der Niederlande (Maliebaanstation, www.spoorwegmuseum.nl; Di.–So. 10.00 bis 17.00 Uhr).

Der gotische Kreuzgang des Utrechter Doms verbindet ihn mit der Universität (links); Museum Speelklok in der ehem. Stadtkirche (oben)

ERLEBEN
Grachtenrundfahrten sind ab Oudegracht 85 möglich (www.schuttevaer.com). Noch spannender ist es, mit einem Mietkanu durch die Grachten Utrechts zu paddeln (Oudegracht 275, https://kanoverhuurutrecht.nl).

RESTAURANTS
Im € **Café Olivier** (Achter Clarenburg 6a, www.cafe-olivier.be) isst man herzhaft und trinkt belgisches Bier – in einer alten Kirche. Einst waren die Grachten Transportweg zu den Speichern und Lagerkellern, heute werden sie von Restaurants und Cafés gesäumt; speziell an der **Oude Gracht** liegt ein Lokal am anderen.

UMGEBUNG
Enge Gassen und eine romantische Altstadt sind **Amersfoorts** (23 km nordöstl.) Markenzeichen. Dort lässt sich das Geburtshaus von Piet Mondriaan (1872–1944), des weltberühmten Malers der klassischen Moderne, besichtigen (Kortegracht 11, www.mondriaanhuis.nl; Di.–So. 12.00–17.00 Uhr). **Huis Doorn** im gleichnamigen Örtchen (28 km südöstl.) war nach seiner Abdankung 1918 die Exilresidenz (1920–1941) des letzten deutschen Kaisers Wilhelm II. (1859–1941); durch seine Flucht ins neutrale Holland entging er einem Kriegsverbrecherprozess. Er liegt im Mausoleum im Schlosspark begraben (www.huisdoorn.nl; Di. bis So. 13.00–17.00 Uhr).

INFORMATION
Tourist Info Utrecht, Domplein 9, NL-3512 JC Utrecht, Tel. 03 02 36 00 04 (kostenpflichtig), www.discover-utrecht.com

2 Arnhem

Die Hauptstadt (165 700 Einw.) der Provinz Gelderland ist durch den Spielfilm „Die Brücke von Arnheim" (1977) mit internationaler Starbesetzung bekannt. Die im September 1944 zwischen alliierten und deutschen Truppen erbittert umkämpfte Rheinbrücke steht heute noch. Die günstige Lage an diesem Fluss und Handelsweg machte die 1233 zur Stadt erklärte Siedlung zu einem erfolgreichen Wirtschaftsplatz, der im 15. Jh. Mitglied der Hanse wurde.

SEHENSWERT
Wie die gesamte Altstadt wurde die dem hl. Eusebius geweihte **Grote Kerk** (Urspr. 15. Jh.) im Zweiten Weltkrieg stark beschädigt; wieder aufgebaut dominiert sie heute den Marktplatz. Hier sind auch das **Alte Rathaus** (um 1540), wegen seiner Ausschmückung auch Duivelshuis (Teufelshaus) genannt, und das moderne Provinciehuis, der Sitz der Provinzregierung, zu finden. Das **Kulturzentrum Rozet** (Kortestraat 16, https://rozet.nl) ist nicht nur Heimat der Bibliothek, sondern auch Ausstellungsraum und Veranstaltungsort.

MUSEEN
Kein europäisches Land dürfte so vom Wasser geprägt sein wie die Niederlande – nur logisch, dass es hier auch ein großes **Wassermuseum** gibt (Watermuseum, Zijpendaalseweg 26, https://watermuseum.nl; Di.–So. 12.00–17.00 Uhr). Auf eine Zeitreise zurück in die Geschichte begibt man sich im **Niederländischen Freilichtmuseum**. Aus dem ganzen Land hat man hier Gebäude zusammengetragen und in ein „lebendes Museum" mit Bauern, Handwerkern und Fischern integriert (Öffnungszeiten etc. siehe S. 62). In der Nähe des Freilichtmuseums liegt **Burgers' Zoo**, der als einer der besten seiner Art in den Niederlanden gilt (Öffnungszeiten etc. siehe S. 63).

Tipp

Krieg und Befreiung

In der Grenzregion Nijmegen wird in zwei Museen die Zeit des Zweiten Weltkriegs thematisiert und aufgearbeitet. Im Airborne Museum Hartenstein am Stadtrand von Arnhem erzählt man im ehem. Hauptquartier der britischen Armee die Schlacht um Arnhem nach. Im neuen Freiheitsmuseum in Groesbeek bei Nijmegen, ehem. Nationales Befreiungsmuseum, geht es um die Geschichte von Krieg und Freiheit mit besonderem Blick auf die Geschehnisse in den Niederlanden 1944 und 1945.

INFORMATION
Airborne Museum Hartenstein, Utrechtseweg 232, 6862 AZ Oosterbeek, www.airbornemuseum.nl; Mo.–So. 10.00–17.00 Uhr.
Freiheitsmuseum, Wylerbaan 4, Groesbeek, südöstl. von Nijmegen, https://freiheitsmuseum.com; Mo.–Sa. 10.00–17.00, So. 12.00–17.00 Uhr

Nijmegens Alte Waage am Marktplatz (oben); Stadtmauerrest in Zwolle (rechts oben); Palais Het Loo in seinem Park (rechts unten)

ESSEN/TRINKEN/SHOPPING
Nur in den drei Filialen des Bakker Hilvers bekommt man heute noch die echten Arnhemse Meisjes, ovale, knusprige, mit Zucker bestreute Kekse aus Hefeteig. Erfunden hat sie 1829 der Bäcker Hagdorn in Arnhem (Broerenstraat 23, Blankenweg 36A, Beethovenlaan 53, https://bakkerhilvers.nl, Mo.–Sa. 8.00–17.30 Uhr).

UMGEBUNG
In **Nijmegen** (182 500 Einw., 25 km südl.) ist der Marktplatz mit der Waage (1612), seinen vielen Cafés und der nahe gelegenen, urspr. gotischen Sint-Stevenskerk (wieder aufgebaut) besuchenswert. Nijmegen ist als römische Siedlung und spätere karolingische Kaiserpfalz, Reichs- und Hansestadt die älteste Stadt des Landes. Die Poldergebiete in der Umgebung eignen sich hervorragend für Fahrradausflüge.

INFORMATION
Citystore Arnhem, Kerkplein 1, NL-6811 KL Arnhem, Tel. 09 00 112 23 44 (gebührenpflichtig), https://de.visitarnhem.com und www.visitnijmegen.com

❸ Apeldoorn

Apeldoorn (167 000 Einw.) ist eine sehr grüne Stadt, mit vielen Parks und prunkvollen Stadthäusern. Dass es die Reichen hierher zog, lag am Königshaus, denn dessen Angehörige lebten lange Zeit hier. Weil Staatsbeamte und die Prominenz in deren Nähe wohnen wollten, entwickelte sich Apeldoorn im 19. Jh. schnell vom Bauerndorf zur Villenstadt.

SEHENSWERT
Am Stadtrand liegt das Königliche Lustschloss **Paleis Het Loo,** erbaut Ende des 17. Jh. und Anfang des 19. Jh. erweitert. Das Innere des prachtvollen Schlosses lockt mit Prunk und einer Gemäldesammlung. Die ehem. Ställe dienen heute als Fahrzeugmuseum, in dem nicht nur die Autos der Königsfamilie, sondern auch Kutschen und Schlitten ausgestellt sind (Koninklijk park 1, Eingang über Amersfoortseweg, https://paleishetloo.nl; Di.–So. 10.00 bis 17.00, Mo. 13.00–17.00, Schlosspark tgl. 9.00 bis 18.00 Uhr).
Viele Apeldoorner nutzen die Parkanlage **Berg en Bos** als Naherholungsgebiet; während eines Spaziergangs kann man die Affen im Freigehege Apenheul besuchen (J. C. Wilslaan 21; tgl. zugänglich).

UMGEBUNG
Der Wohlstand der ehemaligen Hansestadt **Zutphen** (48 500 Einw.; 22 km südöstl.) ist bis heute am Stadtbild zu erkennen. Die Türme vieler mittelalterlicher Kirchen, darunter die St. Walburgskerk (Urspr. 12. Jh.), bilden die Silhouette der Stadt. Mehr als 300 Wohnhäuser stehen unter Denkmalschutz.

INFORMATION
VVV Apeldoorn, Vosselmanstraat 299, NL-7311 CL Apeldoorn, www.visitveluwe.de

❹ Zwolle

Die 132 500 Einw. zählende Stadt mit ihrem mittelalterlichen Zentrum ist die Hauptstadt der Provinz Overijssel. Der Viehmarkt der ehem. Hansestadt (ab 1348) ist noch heute einer der größten des Landes. Zwolle ist zudem wichtiger Industriestandort.

SEHENSWERT
Die dem hl. Michael geweihte **Grote Kerk** (15. Jh.) erhebt sich imposant am Marktplatz inmitten der noch von ihrem Stadtgraben umgebenen Altstadt. Im Inneren sehenswert sind vor allem die Holzschnitzereien (Kanzel von 1622) und die berühmte Zwoller Orgel, die im frühen 18. Jh. von Arp Schnitger gebaut wurde. Vom Turm der **Onze Lieve Vrouwekerk** (15. Jh.) am Ossenmarkt, im Volksmund Peperbus (Pfefferbüchse) genannt, genießt man einen weiten Rundblick. Sehenswert ist das fünftürmige **Sassenpoort** (um 1400) als imposantes Überbleibsel der Stadtmauer.

RESTAURANT
Das **€€€ De Librije** ist das bekannteste Drei-Sterne-Restaurant der Niederlande. Hier steht mit Jonnie Boer eine Institution am Herd; ein Mann, der einst den ersten Michelin-Stern für sein Heimatland erkocht hat. Bei aller Spitzenqualität hat Boer nicht abgehoben, sondern bringt aus regionalen Produkten ohne viel Firlefanz Hervorragendes auf die Teller (Spinhuisplein 1, Tel. 03 88 53 00 00, www.ibrije.com).

UMGEBUNG
Kampen (55 600 Einw., 20 km westl.) lohnt wegen seiner malerischen Altstadt mit über 500 denkmalgeschützten Häusern einen Besuch. Auch **Deventer** (102 800 Einw., 34 km südl.) besitzt eine sehr schöne Altstadt. Die meisten Sehenswürdigkeiten, darunter die Waage (1531 und 1644), das historische Museum (https://museumdewaag.nl) und die gotische Grote Kerk (15.–17. Jh.) liegen, entweder am oder in der Nähe des Hauptplatzes Brink.

INFORMATION
Touristinfo Zwolle, www.visitzwolle.com

5 Enschede

Die Grenzstadt Enschede (161 300 Einw.) hat im Laufe ihrer Geschichte einige Schicksalsschläge hinnehmen müssen: 1862 fiel die Stadt einem Brand zum Opfer, im Zweiten Weltkrieg wurde sie, unmittelbar an der deutschen Grenze gelegen, von alliierten Verbänden irrtümlicherweise bombardiert, und im Mai 2000 zerstörte eine riesige Explosion in einer Feuerwerksfabrik einen ganzen Stadtteil. An historischer Bausubstanz blieb deswegen nur wenig erhalten. Die einst beherrschende Textilindustrie konnte mittlerweile durch andere Industriezweige ersetzt werden. Zudem ist Enschede ein kulturelles Zentrum und ein beliebter Einkaufsort der Region – auch grenzüberschreitend.

MUSEUM
Schwerpunkt der Sammlung des **Rijksmuseum Twenthe** liegt auf der Kunst Flanderns und der Niederlande ab dem 15. Jh. bis heute (Lasondersingel 129–131, www.rijksmuseumtwenthe.nl; Di.–So. 10.00–17.00 Uhr).

UMGEBUNG
Ootmarsum (27 km nördl.) lag lange abseits der Verkehrsströme – es führte weder die Eisenbahn in die Stadt, noch war sie auf dem Wasserwege zu erreichen. Die industrielle Entwicklung fand deswegen andernorts statt. Heute profitiert die 4500-Seelen-Gemeinde davon und lockt Touristen mit ihrem authentischen mittelalterlichen Aussehen.

INFORMATION
Enschede Promotie,
Langestraat 41 (Janninkshuis),
NL-7511 HB Enschede, Tel. 05 34 80 19 70,
www.stadtenschede.de

VAN GOGH UND DIE HIRSCHE

Wo sonst kann man das? Erst Hirsche schauen und dann van Goghs Sonnenblumen bewundern? Der Nationalpark De Hoge Veluwe vor den Toren Arnhems bietet diese zugegeben etwas ungewöhnliche Kombination.

Der Nationalpark De Hoge Veluwe bietet ein abwechslungsreiches Potpourri fast aller Landschaftstypen, die die Niederlande zu bieten haben: Wälder, Polder, Dünen und sogar das, was man in den Niederlanden unter dem Begriff Berge versteht. Der Park eignet sich perfekt für Fahrradtouren, im Eintritt sind Mietfahrräder inbegriffen. Sehenswert ist das Jagdschloss Sint Hubertus, erbaut 1920 von dem berühmten Architekten Hendrikus Berlage, der nach Vorgabe des Auftraggebers, eines leidenschaftlichen Jägers, den Grundriss in Form eines Hirschgeweihs plante. Hirsche, Rehe, Wildschweine und auch Mufflons sieht man nicht nur auf den geführten Wanderungen, sondern oft auch von vielen Beobachtungspunkten.

Rotwild ist im Nationalpark De Hoge Veluwe reichlich unterwegs.

Dann der Kontrast! Das mitten im Grünen gelegene Museum Kröller-Müller ist ein Muss für jeden Liebhaber moderner Kunst, die sich gleichwohl im zugehörigen Skulpturenpark harmonisch in die Natur integriert. Es beherbergt die weltweit zweitgrößte Sammlung von Werken Vincent van Goghs. Aber auch sonst besitzt das Museum eine fantastische Sammlung bedeutender Gemälde, etwa von Paul Cézanne, Eduard Manet, Claude Monet, Pablo Picasso und dem Holländer Piet Mondrian.

Nationalpark De Hoge Veluwe, www.hogeveluwe.nl; tgl. je nach Jahreszeit 8.00/9.00–18.00/19.00/20.00/22.00 Uhr; Parkeingänge in Schaarsbergen bei Arnhem, Hoenderloo und Otterloo.

Museum Kröller-Müller, https://krollermuller.nl/de; Di.–So. 10.00–17.00 Uhr, Mai–Aug., auch Mo.; Restaurants: Theekoepel im Jagdschloss, Monsieur Jacques im Museum und ein Selbstbedienungsrestaurant beim Besucherzentrum

VREUG
Triumph

Nordbrabant · Limburg

*

EUROPA IM KLEINEN

*

Die nahe Grenze zu Deutschland und Belgien prägt die Menschen in den Provinzen Limburg und Nordbrabant. Dies spürt man besonders in Maastricht, der wichtigsten Stadt der Region. Wer hier durch die Straßen geht, hört ein Klangbild aus nahezu allen europäischen Sprachen – die Idee eines gemeinsamen Europas ist hier im Kleinen bereits Realität geworden.

Die Fünfte Jahreszeit bringt Groß und Klein auf die Straße: Karneval in Maastricht.

Der Übergang über die Maas war der Ursprung von Maastricht.

DER NAME MAASTRICHT STEHT FÜR GROSSE GESCHICHTE – UND NICHT ZULETZT FÜR DEN EUROPÄISCHEN EINIGUNGSPROZESS.

Wenn es eine wirklich internationale Stadt gibt, dann ist das Maastricht. Eingeklemmt zwischen Belgien und Deutschland, liegt sie im äußersten Süden der Niederlande – hier wurde das Beste aus den drei Ländern vereint, mit einer Prise französischem Lebensgefühl gewürzt und so ein ganz eigenes Maastrichter Flair kreiert. Korrekter wäre es vielleicht vom Limburger Flair zu sprechen, denn die ganze Provinz strahlt etwas von dieser besonderen Leichtigkeit aus. Zu dem bunten Mix tragen auch die vielen Studenten aus aller Herren Länder bei, die an der hiesigen Universität studieren – immerhin fast ein Drittel kommt aus dem nahen Deutschland.

Da passt es auch, dass die Europäische Union in Maastricht gegründet wurde – 1992 war es, im „Vertrag von Maastricht". Ganz eigen ist der regionale Dialekt, der bei manchem Niederländer eher ein Stirnrunzeln als großes Verständnis auslöst. Doch sogar der ist auf gewisse Weise international, hat er doch Elemente aus den Nachbarsprachen übernommen. Maastricht zählt im Übrigen zu den ältesten Städten der Niederlande – bereits vor Christi Geburt schlugen die Römer hier eine Brücke über den Fluss. Die romanische Sint-Servaasbasiliek beispielsweise gilt als älteste Kirche des Landes, und auch die Servaasbrug aus dem 13. Jahrhundert kann das Prädikat „älteste" für sich beanspruchen.

BARS RUND UM DEN FRIEDHOF

Brücken sollen ja normalerweise verbinden, der in Maastricht gelang das nicht von Anfang an. Wie in Köln auch, waren die Bewohner links und rechts des Flusses lange Zeit nicht gut aufeinander zu sprechen – in den „anderen" Stadtteil ging man nur, wenn es sich gar nicht vermeiden ließ. Heutzutage ist das anders. Dumm wäre auch der, der die stimmungsvollen Bars und Kneipen rund um den Onze Lieve Vrouweplein oder den Vrijthof miede, nur weil er auf der „falschen" Seite der Stadt wohnt. Besonders schade wäre das im August, wenn das Feinschmeckerfestival den Vrijthof – der Name lügt hier nicht, tatsächlich war der Platz früher ein Friedhof – vier Tage lang in das größte Freiluftlokal der Niederlande verwandelt.

Gegessen und getrunken wird in Limburg aber ohnehin gern und gut. Limburger Spargel und der Limburgse Vlaai, ein gefüllter Obstkuchen, sind die Spezialitäten. Als Weinland kennt man die Niederlande zwar nicht, doch der Limburger Wein hat durchaus Qualitäten. Limburg liegt als einzige Provinz des Landes vollständig über dem Meeres-

Wieder ein wenig wie im Mittelalter: Kirche als Handelplatz – hier in Maastrichts gotischer Dominikanerkirche (ganz links). Ursprünglich die Tuchhalle: das heutige Maastrichter Rathaus (links).

Das Dinghuis in Maastrichts Kleine Straat entstand 1470 als Rathaus. Lange als Gericht genutzt, residiert hier heute die Touristinformation.

Auch in den Niederlanden spürt der Karneval dem Puls der Zeit nach.

Das Hochmoor De Groote Peel liegt zwischen Eindhoven und Venlo. Mittlerweile ist es einer der niederländischen Nationalparks.

Hier fordern Berge die Radler – am Dreiländerpunkt.

spiegel – nirgends sind die Niederlande so hoch wie hier. So mancher Wein wächst deswegen tatsächlich an einem „Weinberg". Mit 322,70 Meter ist der Vaalserberg die höchste Erhebung des Landes. Man muss aber schon genau messen, denn der Bergrücken zieht sich über die Landesgrenze hinweg nach Belgien hinein, und dort ist er nochmals fast zwei Meter höher.

VON BOSCH ZU BRUEGHEL

'
s-Hertogenbosch, meist schlicht Den Bosch genannt, ist die Hauptstadt der Provinz Nordbrabant. Stolz ist man dort auf die malerische Altstadt mit den Giebelhäusern entlang der Grachten. Vor allem aber auf den Maler Hieronymus Bosch, der hier geboren wurde und für seine apokalyptischen Bilder bekannt ist. 2016 gedachte man in den Niederlanden seines 500. Todesjahrs, und auch in seiner Geburtsstadt fand eine große Ausstellung statt. Erstaunlicherweise besitzt das Museum der Stadt aber keines der Werke ihres großen Sohns, sodass man in Boschs Heimatstadt auf Reproduktionen zurückgreifen muss. Immerhin: Skurrile Fabelwesen, wie sie auch Bosch gefallen hätten, sitzen oben auf dem Dach der St.-Johannes-Kathedrale. Die ist ohnehin das größte Juwel der Stadt, zählt sie doch zu den bedeutendsten mittelalterlichen Kirchen des Landes.

In Valkenburg aan de Geul ist das Château Sint-Gerlach zu finden – nun ein Schlosshotel. Ende des 18. Jahrhunderts erhielten die einstigen Klosterbauten ihr heutiges Aussehen.

Breda ist die zweite große Stadt in Nordbrabant, und auch aus ihr stammt ein berühmter holländischer Maler. Der Renaissancekünstler Pieter Brueghel der Ältere, als dessen großes Vorbild im Übrigen der eben genannte Hieronymus Bosch gilt, kam hier zur Welt. Ähnlich wie in 's-Hertogenbosch: Auch Breda muss passen, wenn man nach Originalwerken des „Bauernbrueghel" fragt. Und ebenfalls bestimmt ein beeindruckender Kirchbau das Bild der Altstadt. Die Grote Kerk überragt mit ihrem fast 100 Meter hohen Turm den Havermarkt, an dem Einwohner und Touristen im Sommer draußen auf den Freiterrassen der Restaurants und Kneipen sitzen und sich mit einem Bredaer Bier – einem Lager aus lokaler Produktion – erfrischen. Im Umland liegt mit dem Nationalpark De Biesbosch eines der letzten Feuchtgebiete Europas. Vögeln gefällt es hier, und Holländern auf dem Fahrrad, die den Park auf zwei Rädern erobern. Noch schöner aber ist es mit dem Kanu, auf dem Wasser ist der Park geradezu ein Paradies.

PSV UND VAN GOGH

Deutlich größer als 's-Hertogenbosch und Breda ist Eindhoven, die dritte wichtige Stadt in Nordbrabant. Hier liegt das industrielle Herz der Provinz. Als jahrzehntelanger Sitz und Gründungsort des

AUCH BREDA BLICKT STOLZ AUF SEINE ROLLE IN DEN BEFREIUNGSKRIEGEN GEGEN SPANIEN. HIER NAHM DER WIDERSTAND 1566 SEINEN ANFANG.

Über Bredas Großem Markt ragt die eindrucksvolle gotische Liebfrauenkirche, die Grote Kerk, auf (rechts). In Eindhovens altem Zentrum ist das futuristische Gebäude De Blob zu finden, aus Glas und Stahl entworfen vom italienischen Architekten Massimiliano Fuksas. Es bildet den Eingang zum Einkaufszentrum De Admirant (links unten).

Auf Heusdens Bastionen stehen noch drei Windmühlen (ganz links). Auf 's-Hertogenboschs Marktplatz wird rund um das Standbild des Malers Hieronymus Bosch nach wie vor ein Wochenmarkt abgehalten (links).

Die Basiliek van de H.H. Agatha en Barbara im östlich von Breda liegenden Oudenbosch wurde nach dem Vorbild des Petersdoms errichtet.

Tilburg war lange ein Zentrum der Textilindustrie. In einer stillgelegten Fabrik residiert heute das Kunstmuseum De Pont.

Special

Karneval

Die Fünfte Jahreszeit

Karneval in den Niederlanden? Diese Feststellung kommt für viele Besucher unseres westlichen Nachbarn überraschend.

Wie in Deutschland, so in den Niederlanden: Seit jeher gilt die Elf als närrische Zahl, symbolisiert sie doch die Überschreitung der zehn Gebote. Somit ist der 11. November wunderbar als Beginn der Fünften Jahreszeit geeignet, die bekannterweise am Abend des „Vastenavond“, des Faschingsdienstags, endet.

Auch in den Niederlanden ist es der über die Jahrhunderte katholisch gebliebene Süden, der ausschweifend „Carnaval“ feiert. Im protestantischen Norden gibt es nur hin und wieder Faschingspartys. Maastricht, Bergen op Zoom, ’s-Hertogenbosch und Venlo gelten als Hochburgen. Schüler und Studenten haben hier „Carnavalsvakantie“, Karnevalsferien. Ihren Höhepunkt erreicht die Fünfte Jahreszeit mit den Straßenumzügen von „Carnavalsdonderdag“ (Weiberfastnacht) bis Faschingsdienstag, oft auch „Vette dinsdag“ genannt. Die Bürgermeister haben ihre Stadtschlüssel längst an den Karnevalsprinzen übergeben, der für ein paar Tage sein „Königreich der Narren“ feiert. Prunkzüge mit aufwendig gestalteten Karnevalswagen und kostümierte Menschen beherrschen dann die Straßen. Es wird ausgelassen gesungen, getanzt und getrunken – bis am Aschermittwoch der Spaß vorbei ist und, zumindest für die Katholiken unter den Jecken, der Ernst der Fastenzeit beginnt.

Philips-Konzerns ist Eindhoven zum wirtschaftlichen Zentrum des Südens aufgestiegen. Glühlampen waren übrigens die Basis des weltweiten Erfolgs dieses immer wieder für überraschende Entwicklungen bekannten Unternehmens – man denke nur an die 1963 auf den Markt gebrachte Compact Cassette. Mit mehr als 240000 Einwohnern ist Eindhoven inzwischen die fünftgrößte Stadt des Landes.

Richtig stolz ist man auf den Fußballclub PSV, der – aus einer Philips-Betriebssportgruppe hervorgegangen – in den Niederlanden die einzig ernst zu nehmende Konkurrenz zu den beiden Großclubs Ajax Amsterdam und Feyenoord Rotterdam ist und auch international immer wieder mal aufhorchen lässt. Und einen großen Künstler kann man, ähnlich wie ’s-Hertogenbosch und Breda, ebenfalls vorweisen. Vincent van Gogh ist zwar nicht in Eindhoven geboren, hat aber bei seinen Eltern in dem landwirtschaftlich orientierten Dörfchen Nuenen, heute zehn Kilometer vor den Toren der Stadt, gelebt. Aus dieser für ihn produktiven Zeit stammt sein bekanntes düsteres Werk „Die Kartoffelesser“. Aber bereits nach zwei Jahren hielt es den unruhigen Geist nicht mehr in der für ihn perspektivlosen Provinz, die er Richtung Antwerpen verließ.

Freiheit in einem kleinen Land

WIE LIBERAL SIND DIE NIEDERLÄNDER?

Tolerante Drogenpolitik, fortschrittliche Politikansätze und viel Respekt im Umgang miteinander, so kennt man die Niederländer. Gleichzeitig nimmt der Zuspruch für rechtspopulistische Parteien seit Jahren zu. Ein Widerspruch?

Aller Anfang ist klein: Cannabis-Samen auf dem Amsterdamer Blumenmarkt

Die Niederländer sind ausgesprochen lässig drauf. So jedenfalls sehen viele Deutsche die Nachbarn im Westen – je nach Einstellung als leuchtendes Vorbild oder als negativen Musterfall. Erstes Beispiel für das liberale Wesen der Oranjes ist deren Drogenpolitik. Dabei ist die bei näherem Hinsehen gar nicht so großzügig, wie es scheint. Was die wenigsten wissen: Auch in den Niederlanden sind alle Arten von Drogen illegal. Ein paar Hundert Gramm Cannabis auf der Straße zu kaufen oder mit dem Haschischpfeifchen im Mund durch die Straßen zu spazieren, das ist auch in den Niederlanden verboten. Legendär sind dagegen die Coffeeshops dort. Dort kann man Cannabis kaufen und auch rauchen, allerdings ist auch hier die Höchstmenge auf fünf Gramm pro Tag beschränkt. Werbung für ihre „drogenhaltigen" Produkte, dürfen die Shops keine machen. Seit 2023 ist das öffentliche Kiffen rund um das Rotlichtviertel verboten, im Rest der Stadt ist es weiterhin erlaubt. Jedoch bestimmen die Städte und Gemeinden selbst, ob auch Ausländer in den Coffeeshops bedient werden. In Amsterdam beispielsweise sind deutsche Kiffer nach wie vor willkommen. Andernorts – vor allem in Gemeinden entlang der niederländisch-belgischen Grenze – braucht man aber einen „Wietpas", einen Kifferausweis, bevor man im Coffeeshop Kunde werden darf. Und der wiederum wird nur an Niederländer ausgestellt. Doch auch für die Einheimischen ist eine solche Registrierung nicht ganz unproblematisch – denn, wie gesagt, Drogenkonsum ist auch in den Niederlanden strafbar. Und wer den „Wietpass" beantragt, liefert dem Staat die Information, welches Genussmittel er bevorzugt. Kurioses Detail am Rand: Zigaretten sind in Coffeeshops streng verboten.

ALS FRAUEN „NACH HOLLAND" FAHREN MUSSTEN

„Die Älteren" werden sich noch erinnern, dass es in den 1970er- und 1980er-Jahren einen weiteren Grund gab, in die Niederlande zu fahren. Junge Frauen, die damals zu Hause erzählten, sie führen nach Holland,

Ihren Ursprung haben die niederländischen Coffeeshops in Amsterdam.

Das Feindbild als Kulisse: Rechtspopulist Geert Wilders beim Talk vor Minaretten

gaben indirekt zu verstehen, sie wollten im Nachbarland einen Schwangerschaftsabbruch vornehmen lassen. Damals herrschte in Deutschland noch ein striktes Verbot. Auch in den Niederlanden wurden Abtreibungen erst 1984 erlaubt, doch schon in den 1970er-Jahren führten niederländische Ärzte Schwangerschaftsabbrüche durch. Sie agierten damals in einer legalen Grauzone, denn streng genommen brachen sie ebenfalls die Gesetze – der Staat hatte aber bereits aufgehört, den Tatbestand zu verfolgen. Interessant ist, dass damals mehr als die Hälfte der Hilfe suchenden Frauen aus Deutschland über die grüne Grenze kamen.

ERMÄSSIGTE STEUER FÜR STRIPPER

Ein weiterer Punkt auf der Liste des niederländischen Laissez-faire ist der entspannte Umgang mit Prostitution. Ähnlich wie beim Thema Drogen reagierte der Gesetzgeber auch hier nicht mit Verboten und der Abdrängung in die Illegalität, sondern mit dem Versuch, „Unerwünschtes" zu kanalisieren. Bis Ende der 1980er-Jahre war Prostitution per Gesetz verboten. Allerdings nur theoretisch, denn in der Praxis wurde sie auch im Land der Grachten geduldet. Seit dem Jahr 2000 ist Prostitution ein ganz normaler Beruf, auf den sogar das niederländische Arbeitsschutzgesetz anwendbar ist. Die Damen vom horizontalen Gewerbe haben seither das Recht, sich gewerkschaftlich zu organisieren, und sie bezahlen ganz regulär Steuern – Stripperinnen und Stripper jedoch nur den ermäßigten Steuersatz, schließlich stuft der niederländische Fiskus sie als Künstler ein.

Auch hier ist wieder derselbe Lösungsansatz zu erkennen, den unsere westlichen Nachbarn bei Problemen dieser Art immer wieder anwenden: keine Legalisierung, dafür aber Toleranz und Entkriminalisierung.

STARKE RECHTSPOPULISTEN

Im Widerspruch zur liberalen niederländischen Grundeinstellung steht die Tatsache, dass dort schon seit fast 20 Jahren rechtspopulistische Parteien regelmäßig beachtliche Erfolge erzielen. 2002 gewann die ausländerfeindliche Lijst Pim Fortuyn bei ihrer ersten Wahlteilnahme aus dem Stand 17 Prozent der Wählerstimmen. Der Parteigründer, der mit Aussagen wie „Wählt mich, dann dürft ihr Pelzmäntel tragen" auch die Tierschützer gegen sich aufgebracht hatte, wurde damals kurz vor der Wahl von einem fanatischen Veganer erschossen. Unmittelbar in die Fußstapfen der Lijst Pim Fortuyn, die ohne ihren charismatischen Parteigründer schnell an Bedeutung verlor, trat Geert Wilders mit seiner Partij voor de Vrijheid, die sich vor allem den Kampf gegen den Islam auf die Fahnen geschrieben hat, einen Einwanderungsstopp für Muslime und eine ethnische Registrierung von jedermann fordert. Außerdem lehnt die PVV Windkraft ab – in den Niederlanden zumindest eine ungewöhnliche Forderung –, tritt für Kernkraft ein und spricht sich gegen jeglichen Klimaschutz aus. Und in Gaststätten soll nach dem Willen von Wilders wieder geraucht werden dürfen.

Offenbar kommt Wilders zumindest mit einem Teil seiner Thesen gut an. Bei der Parlamentswahl 2006 erhielt seine damals neu gegründete Partei knapp sechs Prozent, vier Jahre später steigerte sie sich auf 15,5 Prozent. 2017 deutete alles darauf hin, dass sie zur stärksten Kraft avancieren könnte, wurde dann mit „nur" 13 Prozent der Stimmen Nr. 2. Bei den Wahlen 2021 fiel sie mit knapp elf Prozent auf den dritten Platz zurück, dafür legte die populistische FvD (Forum voor Democratie) deutlich zu. Die vorgezogenen Parlamentswahlen im November 2023 hat die als nationalistisch, EU- und islamfeindlich geltende PVV von Geert Wilders mit deutlichem Abstand gewonnen. Ministerpräsident Mark Rutte wurde von den Wählern abgestraft und erhielt nur noch 15,1% der Stimmen. Abzuwarten bleibt, ob Wilders Koalitionspartner zum Regieren findet.

UNERKLÄRBARE SITUATION

Der (scheinbare) Widerspruch zwischen dem liberalen Wesen der Niederländer und dem großen Zuspruch, den rechtspopulistische Parteien erhalten, beschäftigt auch die Wissenschaft. Aber die Gelehrten bleiben bei ihren Erklärungen vage. Fest scheint nur zu stehen, dass eine tolerante Grundhaltung nicht vor Ausländerfeindlichkeit schützt. Das zeigt sich auch in Ländern wie Dänemark und Norwegen, in denen die Rechtspopulisten gleichfalls stark vertreten sind.

Amsterdams Oudezijds Voorburgwal ist die Hochburg des Rotlichtgewerbes.

Maßstab 1:800.000
0
10 km
NEDERLAND
DEN HAAG
LEIDEN
ZOETERMEER
ROTTERDAM
DORDRECHT
UTRECHT
Hilversum
AMERSFOORT
APELDOORN
Deventer
ARNHEM
NIJMEGEN
Ede
Gouda
Nieuwegein
Delft
Breda
TILBURG
's-Hertogenbosch
Oss
EINDHOVEN
Helmond
Venlo
Roermond
MÖNCHENGLADB.
ANTWERPEN
(ANVERS)
Mechelen
Leuven
BRUXELLES
BRUSSEL
Hasselt
Genk
MAASTRICHT
AACHEN
Heerlen
LIÈGE
(LUIK)
Verviers
NAMUR
(NAMEN)
CHARLEROI
BELGIË
BELGIQUE
Vlaanderen
Wallonie
DEUTSCHLAND
1
2
3
4
5

WO DIE NIEDERLANDE NICHT GANZ SO NIEDRIG SIND: DER SÜDEN

Auch abseits der Küste findet man Dünen, Flugsand und viele Wassersportmöglichkeiten, oft auch eine grüne, leicht hügelige Landschaft. Die Städte Den Bosch und Maastricht mit ihren historischen Kernen sind quirlig, charmant und weltoffen.

❶ 's-Hertogenbosch

Die Hauptstadt der Provinz Nordbabant (158 800 Einw.) entstand inmitten sumpfiger Umgebung, war einst Festungsstadt (Stadtrecht 1185) und ist bis heute Handelszentrum und Industriestandort. In der Altstadt mit ihren Grachten und Giebelhäusern erkennt man die mittelalterliche Struktur. An die Festung erinnern Wehrbauten im Norden und im Süden der Altstadt.

SEHENSWERT

Der dreieckige **Markt,** einst Keimzelle der Stadt, ist von vielen historischen Gebäuden umgeben. Im **De Moriaan,** dem ältesten Backsteinhaus (13. Jh.), befindet sich heute das Tourismusbüro. Gegenüber erhebt sich das **Stadhuis,** 1671 barock umgebaut; das Spielwerk im Giebel zeigt jede halbe Stunde ein Ritterturnier. Ein Bronzestandbild vor dem Rathaus erinnert an den Maler Hieronymus Bosch (1450–1516), den berühmtesten Sohn der Stadt. Um 1380 wurde mit dem Bau der gotischen **Sint-Janskathedraal** begonnen; fertig wurde sie 150 Jahre später. Die größte Kirche der Niederlande wurde ungewöhnlich reich ausgestattet, u. a. mit mehr als 600 Figuren (Torenstraat 16; tgl. 9.00–17.00 Uhr).
An der Westseite des Bahnhofs beginnt das moderne **Paleiskwartier,** eine interessante Mischung aus Wohnen, Arbeiten und Studieren.

MUSEEN

Im **Jheronimus Bosch Art Center** in der neoklassizistischen Sint-Jacobskerk sind Reproduktionen aller Bilder des namensgebenden Künstlers zu sehen (Jeroen Boschplein 2, https://jheronimusbosch-artcenter.nl; April bis Okt. Di.–So. 11.00–17.30, sonst Di.–So. 12.00 bis 17.00 Uhr). Das **Het Noordbrabants Museum** im ehem. Gouvernementshuis (18. Jh.) beleuchtet die Geschichte der Region von den Römern bis in die Gegenwart (Verwersstraat 41, www.hetnoordbrabantsmuseum.nl; Di.–Fr. 11.00–17.00, Sa., So. 10.00–18.00 Uhr). Den Bosch gehört zu den wenigen Karnevalshochburgen des Landes; das **Nationaal Carnavalsmuseum** zeigt alles, was man zum närrischen Treiben in der Karibik, im Rheinland und in den Niederlanden wissen muss (Zusters van Orthenpoort 27, www.carnavalsmuseum.nl; Di.–So. 13.11–17.55 Uhr).

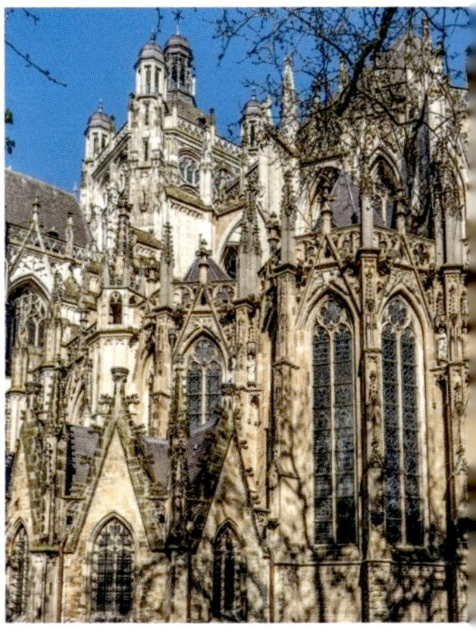

An Bredas Hafen (oben); Sint-Janskathedraal in 's-Hertogenbosch (rechts oben), wo im Sommer die Boschparade stattfindet (rechts unten)

ERLEBEN

Als **Binnendieze** wird das jahrhundertealte Kanalsystem innerhalb der Stadt bezeichnet. Früher diente es der Wasserversorgung und als Abwasserkanal, heute ist es eine Touristenattraktion. In offenen Booten kann man die Wasserläufe erkunden – oberirdisch und unterirdisch (Tickets beim VVV).

RESTAURANTS

Die **Korte Putstraat** gefällt mit historischem Ambiente und ist mit einem weitgefächerten Angebot die kulinarische Stadtmeile schlechthin. Ähnlich vielseitig ist das Angebot im historischen Viertel **Uilenburg.**

EINKAUFEN

Boergondisch ist ein Delikatessenladen, der vor allem lokale Wurst- und Käsesorten aus Brabant anbietet (Vughterstraat 65, https://bijboergondisch.nl; Di., Mi. und Fr. 10.00–18.00, Mo. 11.00–18.00, Do. 10.00–21.00, Sa. 9.00 bis 18.00, So. 12.00–17.00 Uhr).

UMGEBUNG

Sehenswert im Festungsstädtchen **Heusden** (15 km nordw.) sind die Stadtbefestigungen (16. und 17. Jh.). Im Nationalpark **Loonse en Drunense Duinen** (20 km südw.) liegt Europas größtes Flugsandgebiet.

INFORMATION

VVV 's-Hertogenbosch, Markt 77, NL-5211 JX 's-Hertogenbosch, Tel. 07 36 15 50 55, www.denboschregion.nl, www.visitdenbosch.nl

❷ Breda

Die auf das 12. Jh. zurückgehende Stadt (186 500 Einw.) sonnt sich in ihrer Bedeutung beim erfolgreichen Aufstand der nördlichen Niederlande (16. Jh.) gegen Spanien. Die Befestigungen (ab 14. Jh.) spielten noch in den französischen Kriegen Ende des 18. und Anf. des 19. Jh.s eine Rolle. Die Altstadt erfreut mit Gebäuden, die an die Geschichte Bredas erinnern.

SEHENSWERT
Der **Grote Markt** bildet den Mittelpunkt der Altstadt, an der Westseite steht das **Oude Stadhuis** (überw. 18. Jh.), an der Nordseite die spätgotische **Onze Lieve Vrouwe Kerk** (15. und 16. Jh.) mit weithin sichtbarem Turm (bis 1509). Das **Kasteel van Breda**, ein Renaissanceschloss (um 1530), beherbergt heute die Königlich-Niederländische Militärakademie. Eine ruhige Oase inmitten der Stadt bildet der **Begijnhof** mit seinen beiden Kirchen, dem Kräutergarten und mehr als zwei Dutzend historischen Häusern (ab 16. Jh.). Das Wassertor **Spanjaardsgat** ist ein Rest der Stadtbefestigung aus spanischer Besatzungszeit (16. Jh.).

HOTEL UND RESTAURANT
Die Hotelvilla **€€ Het Scheepshuys** liegt im Grünen und doch zentral (Teteringsedijk 196, NL-4817 ML Breda, Tel. 07 65 81 69 10, https://hetscheepshuys.nl).
Im Restaurant **€€/€ De Colonie** trifft man sich bei kolonialem Flair (Grote Markt 26, Tel. 07 65 21 40 82, http://breda.colonie.nl).

UMGEBUNG
Willemstad (40 km nordw.) ist eine ab 1583 sternförmig angelegte Festungsstadt mit sieben Bastionen und zwei Stadttoren.

INFORMATION
VVV Breda, Stadserf 2, Achter de Grote Markt, 4811 XS Breda, Tel. 07 65 22 38 96 (kostenpflichtig), www.welkominbreda.nl, https://bredamarketing.nl

3 Eindhoven

Die Industriestadt (243 700 Einw.) ist die größte Stadt im Süden der Niederlande. Seit der Gründung der Philips-Werke 1891 verzeichnete Eindhoven stetiges Bevölkerungswachstum. Als Industriestandort wurde die Stadt im Zweiten Weltkrieg mehrfach bombardiert und ihre historische Bausubstanz dabei großteils zerstört.

MUSEEN
Die Sammlung des Zigarrenfabrikanten Henri van Abbe bildete 1936 die Grundlage des **Van Abbemuseums** für moderne Kunst (Bilderdijklaan 10, https://vanabbemuseum.nl; Di.–So. 11.00–17.00 Uhr). Im **Philips-Museum** werden Geschichte und Produkte des wichtigsten niederländischen Industrieunternehmens präsentiert (Emmasingel 31, www.philips-museum.com; Di.–So. 11.00–17.00 Uhr). Das **DAF-Museum** zeigt historische Fahrzeuge dieses in Eindhoven angesiedelten Herstellers (Tongelresestraat 27, www.dafmuseum.nl; Di.–So. 11.00–17.00 Uhr). Für das **Eindhovenmuseum** wurden eine eisenzeitliche und eine mittelalterliche Siedlung rekonstruiert (Boutenslaan 161 B, https://prehistorischdorp.nl; April–Okt. Di.–So. 10.00–17.00 Uhr, in den Schulferien auch Mo.).

INFORMATION
VVV Eindhoven, Stationsplein 23-02, NL-5611 AC Eindhoven; Tel. 0900-1 12 23 63 (0,50 €/Minute), www.thisiseindhoven.com

Tipp

Erlebnis für die ganze Familie

De Efteling ist der älteste und größte Freizeitpark der Niederlande. Auf dem weitläufigen Gelände südwestl. von Den Bosch gibt es so viele Attraktionen, dass man eigentlich mehr als einen ganzen Tag braucht. Eine kleine Auswahl: Holzachterbahn, Dive Coaster, Märchenwald, Wildwasserbahn, Schwebender Tempel, historische Karussells, Bobbahn und Spukschloss. Übernachten kann man im schlossartigen Hotel oder im Bungalowpark.

INFORMATION
Freizeitpark Efteling, Europalaan 1, Kaatsheuvel, www.efteling.com; Kernzeit tgl. 11.00–18.00 Uhr, im Sommer länger

4 Roermond

Schon zu römischer Zeit ein Siedlungsplatz, wirkt die ehem. Hansestadt (60 000 Einw.) vor allem dank der hübschen alten Giebelhäuser wie typische limburgische Provinz. Bekannt ist sie über die Grenze hinaus als Einkaufsstadt. Durch Kiesabbau entstanden westlich der Stadt mehrere Seen, die Maasplassen. Jachthafen und Seen bieten gute Wassersportmöglichkeiten und machen Roermond zu einer zunehmend beliebten Ferienregion.

SEHENSWERT
Bemerkenswerte Bauwerke im Zentrum der alten Bischofsstadt (ab 1559) sind die romanisch-gotische **Munsterkerk** aus dem 13. Jh, (Munsterplein), die wiederaufgebaute **Kathedraal van Sint Christoffel** (Urspr. 15. Jh., Grote Kerkstraat) sowie der Marktplatz mit dem **Stadhuis** aus dem 17. Jh.

Maastrichts romanische Servatiusbasilika (links); das Jekertoren gehörte zu Maastrichts mittelalterlicher Stadtummauerung (rechts).

SHOPPING
Auf einem ehem. Kasernengelände befindet sich das **McArthur Designer Outlet Roermond** mit rund 150 Geschäften (Stadsweide 2, www.mcarthurglen.com; Mo.–Fr. 10.00–20.00, Sa. und So. 9.00–20.00 Uhr).

INFORMATION
VVV Roermond, Markt 17, NL-6041 EL Roermond, Tel. 04 75 33 58 47, www.hartvanlimburg.nl

5 Maastricht

Die Universitätsstadt (122 600 Einw.) verströmt multikulturelles Flair und ist ein beliebter Ort für Tagungen, Konferenzen und Veranstaltungen: Touristen schätzen das große kulturelle Angebot, die Shoppingmöglichkeiten und die Erholungsgebiete in der Umgebung. 1992 wurde in der Stadt der Vertrag von Maastricht unterzeichnet, das Gründungsdokument der Europäischen Union. Seinen Ursprung hat Maastricht in einer römischen Siedlung. Der Maasübergang wurde im 14. Jh. stark befestigt und hatte bis ins 19. Jh. strategische Bedeutung.

SEHENSWERT
Drei Brücken überspannen die Maas, von allen genießt man einen Panoramablick auf das alte **Zentrum** der Stadt **TOPZIEL**. Über die Wilhelminabrug gelangt man zum **Marktplatz** mit dem **Stadhuis** (bis 1664). Von hier sind es nur wenige Hundert Meter zum grünen **Vrijthof,** zuerst Friedhof, dann Exerzierplatz und heute belebter Treffpunkt mit vielen Straßencafés. Aus den Kirchen der Stadt ragt die romanische **Sint-Servaasbasiliek** (um 1000) heraus, die als älteste Kirche der Niederlande gilt; ihre Schatzkammer zeigt eine sakrale Kunstsammlung (Keizer Karelplein 3, www.sintservaas.nl;

Mo.–Sa. 10.00–17.00, So. 12.00–17.00 Uhr). Neben der Basilika steht die kleinere gotische **Sint-Janskerk** (14./15. Jh.) mit markantem Turm (Mo.–Sa. 11.00–16.00 Uhr). Reste der mittelalterlichen **Stadtbefestigung** sieht man weiter südl. am Fluss Jeker. Das **Helpoort** (Höllentor, Sint-Bernardusstraat; um 1230) ist das älteste Stadttor; daneben der **Jekerturm.** Seit Jahrhunderten wird südlich der Stadt Mergelgestein abgebaut; dadurch ist ein **Höhlensystem** von 200 km Länge entstanden, das – ebenso wie das **Fort Sint-Pieter** und die **Kasematten** (16.–19. Jh.) – bei Führungen erkundet werden kann (www.exploremaastricht.nl/en/maastricht-underground; Tickets online oder beim VVV).

MUSEUM

Das **Bonnefantenmuseum** in einem modernen Gebäude des italienischen Architekten Aldo Rossi beherbergt umfangreiche Sammlungen aus allen Epochen: archäologische Funde aus der Region Limburg, italienische Malerei, niederländische Malerei des 16. und 17. Jh.s (u. a. Pieter Brueghel d. J. und Peter Paul Rubens), aber auch zeitgenössische Kunst (Avenue Céramique 25, www.bonnefanten.nl; Di.–So. 11.00–17.00 Uhr).

VERANSTALTUNG

Am letzten Aug.-Wochenende findet das Kulinarikfestival **Preuvenemint** unter freiem Himmel auf dem Vrijthof statt (https://preuvenemint.nl).

HOTEL UND RESTAURANT

Ein früheres Kloster aus dem 15. Jh. wurde zum **€€€ Kruisherenhotel Maastricht** umgestaltet; gespeist wird in der ehemaligen Klosterkirche (Kruisherengang 19, NL-6211 NW Maastricht, Tel. 04 33 29 20 20, www.oostwegelcollection.nl/kruisherenhotel-maastricht). Hans van Wolde, mit Michelin-Sternen dekoriert, bietet im **€€€ Restaurant Beluga** natürlich Außergewöhnliches, zum Lunch sogar zu erschwinglichem Preis (Centre Céramique, Plein 1992 12, Tel. 04 33 21 33 64, https://belugalovesyou.com; Lunch Mi.–Sa. 12.00 bis 13.30, Dinner Mi.–Sa. 18.30–24.00 Uhr).

UMGEBUNG

In das nette Städtchen **Valkenburg aan de Geul** (15 km östl.) zieht es viele Besucher wegen der Grotten und Höhlen sowie dem Thermalpark Thermae 2000 (www.thermae.nl; tgl. 9.00–23.00 Uhr).
10 km nordöstl. liegt bei Heerlen **Kasteel Hoensbroek**, größtes Schloss weit und breit mit fotogenen Wassergräben und Rundtürmen (www.kasteelhoensbroek.nl; tgl. 10.00 bis 17.30 Uhr). Am **Dreiländerpunkt** (30 km südöstl.) kann man ein Riesenlabyrinth aus Hainbuchenhecken erkunden (Viergrenzenweg 97, Vaals, www.drielandenpunt.nl; April–Okt. tgl. 10.00–18.00 Uhr).

INFORMATION

VVV Maastricht, Kleine Staat 1,
NL-6211 ED Maastricht, Tel. 04 33 25 21 21,
www.besuchemaastricht.de

JA NATÜR LICH

MIT DEM KANU DURCH DEN BINSENWALD

Ist da vorn nicht gerade ein Eisvogel ins Wasser getaucht? Kreist dort oben am Himmel nicht ein Fischadler? Stolziert da am Schilfrand nicht ein Reiher? Und liegt dort am Ufer nicht eine riesige Biberburg? Auf einer Bootsfahrt durch den Nationalpark De Biesbosch – Biesbosch bedeutet übersetzt Binsenwald – lautet die Antwort in der Regel: „Ja!"

Angefangen hat alles im Jahr 1421. Damals stand nach einem Dammbruch und einer Flut eine riesige Landfläche im Südwesten der Niederlande unter Wasser. Die ganze Region wurde für immer verändert. Von heute auf morgen war sie ein Überschwemmungsgebiet mit direkter Verbindung zum Meer. Mit großem Aufwand und viel Mühe wurden neue Deiche gezogen, um das verloren gegangene Ackerland zurückzugewinnen. Doch ein großer Teil des Biesbosch blieb ein schwer zugängliches, brackiges Sumpfgebiet.

De Biesbosch ist heute ein grünes Labyrinth aus Bächen, Flüssen und kleinen Seen.

Nach der großen Flutkatastrophe vom 1. Februar 1953 veränderte der Biesbosch abermals sein Bild. Der moderne Hochwasserschutz der Niederlande hatte zur Folge, dass das Areal heute vom Meer abgeschnitten ist und sich zu einem labyrinthischen Süßwasserfeuchtgebiet entwickelt hat. Rad- und Wanderwege durchziehen den Nationalpark, am besten aber lernt man ihn vom Wasser aus kennen – mit dem Mietkanu oder dem „Flüsterboot".

Nationaal Park De Biesbosch, https://np-debiesbosch.nl

Es gibt drei Besucherzentren: **Biesboschcentrum Dordrecht,** Baanhoekweg 53, www.biesboschcentrumdordrecht.nl; tgl. 9.00 bis 17.00 Uhr, Kanuverleih von April–Okt.). **Besuchercentrum Drimmelen,** Biesboschweg 4, www.biesboschcentrum.nl; März bis Okt. tgl. 10.00–17.00 Uhr. **Biesbosch Museum,** 12 km außerhalb von Werkendam an der A 27, Hilweg 2, www.biesboschmuseumeiland.nl; April–Okt. tgl. 10.00/11.00–17.00, sonst Di.–So. 10.00/11.00 bis 17.00. Flüsterbootfahrten von allen drei Informationszentren, Kanuverleih nur in Dordrecht

Südholland · Seeland

*

HAFENPLÄTZE UND VIEL STRAND

*

Südholland ist die am dichtesten besiedelte Provinz der Niederlande, hier liegen der Regierungssitz Den Haag, Europas größter Hafen Rotterdam, aber auch reizvolle Städte wie Leiden, Delft und Gouda. In der Nachbarprovinz Seeland spielt das Meer die Hauptrolle in einer Welt aus Inseln, Halbinseln, Stränden und Dünen.

Rotterdam ist Schaufenster moderner Architektur: Erasmusbrücke und die „vertikale Stadt" de Rotterdam von Rem Kolhaas.

Das Rotterdamer Design-Hotel „citizenM" am Gelderse Plein zieht vor allem ein junges Publikum an.

DIE ZEITEN, IN DENEN ROTTERDAM ABSCHÄTZIG ALS „HAFEN MIT STADT" BEZEICHNET WURDE, SIND SCHON LANGE VORBEI. ZU RAFFINIERT UND UNÜBERSEHBAR SIND DIE NEUBAUTEN.

Rotterdam ist „in". In den vergangenen Jahren konnte die Stadt, was die Besucherübernachtungen angeht, regelmäßig Zuwachsraten von acht Prozent und mehr vermelden. Während früher allenfalls Gäste, die sich für moderne Architektur interessieren, den Weg nach Rotterdam fanden, ist die zweitgrößte Stadt der Niederlande inzwischen kein Geheimtipp mehr. So ist die 2014 von Königin Máxima eröffnete Markthalle mehr als ein überdachter Lebensmittelmarkt – sie ist auch eine Sehenswürdigkeit und ein Beispiel gelungener Großstadtarchitektur. In dem elfstöckigen hufeisenförmigen Gebäude kann man – europaweit einmalig – auch wohnen. Aus vielen Wohnungen schaut man auf die Marktstände hinab. Blickt man umgekehrt von den Marktständen nach oben, sieht man nicht nur die Fenster der Wohnungen, sondern auch ein riesiges Wandgemälde, das eine Wiesenlandschaft aus Insektenperspektive zeigt.

Auch die Kubushäuser in Sichtweite der Markthalle lösen begeisterte Blicke aus. Sie wurden in den 1980er-Jahren nach Plänen von Piet Blom erbaut. Praktisch wohnt man in den kleinen Häusern sicher nicht, die aussehen, als habe ein Riese fallende Würfel mitten im Flug aufgehalten und sie auf ihre Ecken gestellt. Spektakulär sehen sie aber allemal aus – und inzwischen sind sie auch eines der Wahrzeichen Rotterdams. Mit der Van-Nelle-Fabrik steht ein ganz besonderes Objekt moderner Industriearchitektur in der Stadt: Der 1920 erbaute Firmensitz des Tee-, Kaffee- und vor allem Tabakimporteurs ist seit 2014 Welterbestätte der UNESCO.

Moderne Architektur strebt in die Höhe, auch in Rotterdam – die Wolkenkratzersilhouette der Stadt sucht in den Niederlanden ihresgleichen. Der 140 Meter hohe Montevideo Tower ist das zweithöchste Wohnhaus des Landes, zählt man das 12,5 Meter hohe M auf dem Dach des Gebäudes mit dazu, ist der Hochhausturm sogar das höchste Gebäude der Niederlande. Das Jugendstilgebäude davor – heute beherbergt es das Luxushotel „New York" – war einst das Hauptgebäude der Holland-Amerika-Linie und ist damit ein wichtiger Bestandteil der Stadtgeschichte. War es doch der Hafen von Rotterdam, von dem aus sich eineinhalb Millionen Auswanderer aus ganz Europa auf den Weg in Richtung Neue Welt machten.

DEUTSCHE BOMBEN AUF ROTTERDAM

Das moderne Gesicht der Stadt hat einen traurigen Grund. Am 14. Mai 1940 zerstörten Bomben nahezu die gesamte

Die 1984 entworfenen 40 Kubushäuser mitten in Rotterdams Zentrum sind um 45 Grad geneigt und sollen einen Wald darstellen (ganz links). Die 2014 eröffnete Markthalle ist Marktplatz und Wohnhaus zugleich (links).

Schorem Barbier am Nieuwe Binnenweg sieht sich als ein Laden alter Schule.

Das Weiße Haus gilt als erster Wolkenkratzer Europas. Schon 1898 fertigestellt, hat es die Bombardierung von Rotterdam 1940 überstanden.

Von der Haager Paleispromenade ist es nur ein Katzensprung zum Binnenhof.

Vom Buitenhof gelangt man in die Neorenaissance-Passage, die – 1885 eröffnet – dem Haager Publikum endlich angemessene Einkaufsmöglichkeiten bot.

Zeitreise in den Strandort Scheveningen des Jahres 1880: Das riesige Rundgemälde „Panorama Mesdag" schuf Hendrik Willem Mesdag zusammen mit seiner Frau und dem Malerkollegen Georg Hendrik Breitner.

Innenstadt, allein das Rathaus und die St.-Laurentius-Kirche überstanden den schrecklichen Angriff der deutschen Luftwaffe. Mehr als 800 Menschen starben, 80 000 wurden obdachlos. Bereits wenige Tage nach der Bombardierung legte man einen fertigen Plan für den Wiederaufbau auf den Tisch. Damit bestätigte Rotterdam wieder einmal seinen Ruf, demzufolge man in der Stadt nicht lange herumredet, sondern die Ärmel hochkrempelt und anpackt. Selbst sieht man sich in der Konkurrenz zu den „Neureichen" von Amsterdam. Eine Rivalität, die spätestens dann aufbricht, wenn die beiden großen Fußballclubs Feyenoord aus Rotterdam und Ajax aus Amsterdam gegeneinander antreten. Zwischen Hooligangruppen der beiden Teams kommt es dann auch oft zu gewaltsamen Auseinandersetzungen. Für die normalen Rotterdamer und Amsterdamer beschränkt sich die Rivalität aber auf Spotten und Lästern. Um keinesfalls den Namen der Hauptstadt in den Mund nehmen zu müssen, spricht man in Rotterdam deswegen gern von den „020-ern", wenn Leute aus Amsterdam gemeint sind – 020 ist die Amsterdamer Telefonvorwahl.

DAS GRÖSSTE DORF EUROPAS

Auch die Nachbarstadt Den Haag hat mit Rotterdam eigentlich nicht viel gemein – hier die hemdsärmeligen Arbeiter, da die in den Niederlanden als hochnäsig verschrieenen Einwohner der Residenzstadt. Doch weil die Städte immer mehr aufeinander zuwachsen, die Vorstädte der beiden mittlerweile sogar aneinanderstoßen, man einen Flughafen teilt und mit der Metro von einer Stadt in die andere fahren kann, hält sich die Rivalität vermutlich in Grenzen. Zudem verspotten sich die Einwohner von Den Haag lieber gegenseitig. „Bist du Haagenaarer oder Haageneese?", lautet dort die Frage. Der Unterschied? Früher wohnten die Reichen – die Haagenaarer – auf den Dünen, wo sie vor Überschwemmungen sicher waren. Den ar-

Hinter Leidens De Rijn ragt die bis 1836 errichtete neoklassizistische Hartebrugkerk auf (rechts). Schaufenster in Delft: In der für ihre Keramik bekannten Stadt wird auch vor dem „Mädchen mit dem Perlenohrring" nicht haltgemacht (unten).

Middelburgs nach schweren Kriegszerstörungen wieder aufgebautes Stadhuis gehört zu den schönsten in den Niederlanden.

Gouda lebt von dem im ganzen Umland hergestellten, auf dem hiesigen Marktplatz verkauften Käse.

GRACHTEN SIND KEINE SPEZIALITÄT ALLEIN AMSTERDAMS – WIE EIN BESUCH IN DELFT ODER LEIDEN ZEIGT.

men Haageneesen blieben die gefährdeten Gebiete im Tiefland. Da die Dünen nicht kerzengerade durchs Land ziehen, waren auch die Viertel zwischen Arm und Reich nie klar getrennt – und heute kann man die Grenze ohnehin nicht mehr erkennen. Wer Haagenaarer oder Haageneese ist, weiß trotzdem jeder Einwohner der niederländischen Residenzstadt. Egal, welcher Herkunft er ist, ein Bürger Den Haags lebt streng genommen auf dem Dorf – dem mit gut 562 000 Einwohnern größten der Welt.

Den Haag wurden die Stadtrechte nämlich nur für eine Nacht verliehen. 1811 war König Lodewijk Napoleon, der Bruder von Napoleon Bonaparte, den dieser auch auf den holländischen Thron gehievt hatte, in Den Haag zu Gast. Und weil ein König in keinem Dorf übernachtet, ernannte er Den Haag für etwas mehr als zwölf Stunden zur „Stadt auf Zeit". Egal, heute wird trotzdem niemand Den Haag als Dorf bezeichnen. Im Gegenteil. Den Haag ist eine Stadt von internationalem Rang. Hier haben mehrere Institutionen der UNO ihren Sitz, allen voran der Internationale Gerichtshof. Und natürlich tagt hier auch das holländische Parlament, dessen erste und zweite Kammer. Den Haag ist Regierungssitz der Niederlande und Residenzstadt des Königshauses.

Da ist es kein Wunder, dass die Stadt einiges an Sehenswertem zu bieten hat. Wohl niemand verzichtet auf den Besuch des Binnenhofs, eines Hofs, um den sich einige wichtige Gebäude aus der Geschichte der Niederlande scharen. Zentraler Punkt ist das gotische Schloss mit dem Rittersaal. In dem Museum Mauritzhuis hängen Bilder von Rembrandt – auch sein berühmtes Selbstportrait von 1669 –, Rubens, Frans Hals, Anton van Dyck und Hans Holbein. Spätestens seit dem gleichnamigen Film ist aber „Das Mädchen mit dem Perlenohrring" von Jan Vermeer das bekannteste Bild an Den Haager Wänden. Dem Maler und Grafiker Maurits Cornelis Escher ist in Het Palais ein eigenes Museum gewidmet. Het Palais ist übrigens der Palast, in dem König Lodewijk Napoleon 1811 bei seinem Den-Haag-Besuch übernachtet hat. Mit der Straßenbahn fährt man vom Zentrum hinaus zum Strand von Scheveningen mit seiner noblen Strandpromenade und der fast 400 Meter langen Seebrücke.

STURMFLUTABWEHR MIT SEEHUNDSHOW

Ums Strandleben dreht sich vieles in der von der Scheldemündung geprägten Provinz Seeland. Die Namen der hiesigen Städtchen kennt jeder Niederländer. In Veere, Breskens oder Cadzand verbringen Holländer und Belgier gerne ihren Sommerurlaub. Middelburg, die Hauptstadt der Provinz, wurde wie Rotterdam bei einem Angriff der deutschen Luftwaffe im Mai 1940 fast völlig zerstört. Was während der Kriegsjahre wieder aufgebaut wurde, fiel dann einem alliierten Bombenangriff im Herbst 1944 erneut zum Opfer. In Middelburg hat man sich aber, im Gegensatz zu Rotterdam, nach dem Krieg dafür entschieden, die Altstadt nahezu originalgetreu wieder aufzubauen. Der Lange Jan, der knapp 90 Meter hohe Turm der Liebfrauenabtei, dominiert heute das Stadtbild.

Ein großer Staudamm gleich in der Nähe ist eine der größten Sehenswürdigkeiten der Region, viele Holländer bezeichnen den neun Kilometer langen Oosterscheldedam stolz als das achte Weltwunder. Das Wasser ist Freund und Feind der Niederlande gleichermaßen. Es gibt Leben und nimmt es auch wieder. Bei der großen Flutkatastrophe 1953 kamen in den Niederlanden 1836 Menschen ums Leben, 72 000 mussten evakuiert werden. Die Konsequenz war in den folgenden Jahren und Jahrzehnten ein beispielloses Hochwasserschutzprogramm. Es war unumgänglich, liegen doch große Teile des Landes bekanntermaßen unter dem Meeresspiegel. Die Ausstellung der „Deltapark Neeltje Jans“ am Fuße des Damms erzählt von

KÜSTENSCHUTZ HAT ÜBERALL IN DEN NIEDERLANDEN VORRANG.

dessen spektakulärer Baugeschichte und informiert über die Sturmflutabwehr. Früher haben sich vermutlich die Kinder bei einem Ausflug zum Oosterscheldedam gelangweilt. Heute ist das anders, denn dort ist ein riesiger Familienfreizeitpark entstanden – mit Aquarium, Seehundshows und einem Wasserpark. Und in dieser Form ist Wasser dann keine Gefahr mehr, sondern einfach nur ein Riesenspaß.

Noordwijk aan Zee bietet 13 Kilometer Sandstrand (oben). Performance vor dem Kurhaus an Scheveningens Promenade (Mitte). Muschelsammler in Domburg (unten).

Küstenszenerie in Zeeland

Das Königshaus

EINE MAJESTÄT ZUM ANFASSEN

Ende Januar 2013 gab Königin Beatrix der Niederlande ihre Abdankung bekannt. Am 30. April war es dann soweit, ihr ältester Sohn Willem-Alexander wurde König der Niederlande. Die offizielle Zeremonie war, wie erwartet, prunkvoll und ein Medienereignis ersten Ranges.

Obwohl der König noch kurz vor der Krönung verkündet hatte, dass er nicht viel auf das Protokoll gebe, ließ er es sich doch nicht nehmen, den Amtseid im traditionellen Königsmantel aus Hermelin abzulegen. Rund 2000 Gäste lud er zu seiner Amtseinführung in die Nieuwe Kerk von Amsterdam ein, darunter die wichtigsten Vertreter des Hochadels aus aller Welt.

Lange musste Willem-Alexander, dem seine Landsleute wegen seiner Vorliebe für das Nachtleben schon früh den Titel „Prins Pilsje" verliehen hatten, auf diesen Tag warten, denn seine Mutter ließ sich viel Zeit mit ihrer Abdankung. Dem Zeitgeist folgend, wollte er ein moderner König sein, deshalb seinen Namen behalten und nicht Willem IV. genannt werden. Auch seine Frau sollte schlicht und einfach Máxima bleiben. Ihr hat er auch zu einem nicht unerheblichen Teil seine Beliebtheit beim Volk zu verdanken, dass es ihm den Wandel vom Feierweltmeister zum seriösen Thronfolger abnimmt – Negativschlagzeilen produziert Willem-Alexander schon lange nicht mehr.

GROSSMUTTER DER NATION

Mit seiner volksnahen Einstellung tritt Willem-Alexander eher in die Fußstapfen seiner Großmutter als in die seiner Mutter. Juliana, gern als „Großmutter der Nation" bezeichnet und 2004 94-jährig gestorben, hat sich immer gegen die protokollarischen Auflagen gesperrt. Legendär ist, dass sie gern neben dem zu ihren Ehren ausgerollten roten Teppich ging. Statt mit „Majestät" ließ sie sich mit „Mevrouw" anreden. Unvergesslich sind die Bilder, auf denen sie in Gummistiefeln unter den Sturmflutopfern von 1953 zu sehen ist.

Nach der Krönung von Beatrix 1980 suchte die Krone zurück zu distanziertem und formellem Auftreten zu finden. Fachkenntnis und Kontrolliertheit waren der Königin wichtiger als „Landesmutter" zu sein. Insofern ähnelte sie in gewisser Weise der britischen Amtsinhaberin, wenn auch auf sehr holländische Art. Und es gibt noch weitere Parallelen – im familiär-privaten Bereich. Unvergessen sind beispielsweise die Diskussionen darüber, dass der Thronfolger die Tochter eines hochrangigen Funktionärs des argentinischen Diktators Jorge Videla

Das niederländische Königshaus schätzte es einst auch eher repräsentativ, so auch im Palais Het Loo.

Der Königspalast in Amsterdam (oben). Kronprinzessin Amalia, König Willem-Alexander, Königin Máxima, Prinzessin Alexia und Prinzessin Ariane am 22. Dezember 2023 (unten).

heiraten wollte. Die Volksseele wurde damit besänftigt, dass Máximas Eltern nicht zur Hochzeit eingeladen wurden.

VOM KONINGINNEDAG ZUM KONINGSDAG

Seit 1890 feiern die Holländer den Königinnentag; nachdem nun Willem-Alexander auf dem Thron sitzt, ist es der Königstag. 1980 folgte Beatrix ihrer Mutter Juliana auf den Thron, behielt aber den 30. April als Koninginnedag als Anerkennung ihrer Mutter Juliana bei – ein Grund war aber wohl auch, dass es an ihrem eigenen Geburtstag am 31. Januar für eine große Feier im Freien viel zu kalt ist. Da am 27. April, dem Geburtstag von Willem-Alexander, die Chancen auf frühlingshafte Temperaturen wesentlich größer sind, bestimmte er dieses Datum zum Koningsdag.

Egal, an welchem Datum und ob König oder Königin gefeiert werden, es ist das größte nationale Fest in den Niederlanden. Dieses darf traditionsgemäß jedoch nicht an einem Sonntag stattfinden.

EIN LAND IN ORANGE

Am Königstag färbt sich das ganze Land orange. In Amsterdam wird das größte Oranje-Straßenfest gefeiert, die Grachten sind voller Boote mit tanzenden und singenden Menschen. Doch auch im Rest des Landes gibt es viel Musik, Kinder singen Lieder zu Ehren des Königs und führen traditionelle Tänze auf. Schon Königin Beatrix hat sich an diesem Tag mit ihrer Familie unters Volk gemischt und sich unterhalten lassen, Willem-Alexander setzt diese Tradition als volksnaher Monarch fort und reist jedes Jahr in eine andere Gemeinde oder Stadt, damit sich niemand benachteiligt fühlt.

Zum Koningsdag gehört auch, dass man mit einem Gläschen Oranjebitter, einem Kräuterschnaps aus Wacholderbeeren, Lakritz und Orangenschalen, anstößt – wem das zu bitter ist, der genießt den Schnaps als Mixgetränk.

Informationen

Die Niederlande sind eine junge Monarchie. Wilhelm I. begründete 1815 das Vereinigte Königreich der Niederlande (noch mit Belgien), nachdem er bereits nach dem Ende der napoleonischen Herrschaft zwei Jahre lang die Regierungsgeschäfte geführt hatte. Heute genießt der König Immunität, besitzt aber innerhalb der parlamentarischen Monarchie nur begrenzte Macht. Willem-Alexander darf über drei Paläste verfügen: Paleis Noordeinde, Huis ten Bosch und den Königspalast in Amsterdam am Damplatz. Dort werden hauptsächlich Staatsoberhäupter empfangen.

Maßstab 1:800.000
0
10km
Newcastle-upon-Tyne
Kingston upon Hull
Harwich
1
2
3
4
5
Den Helder
Noorderhaaks
Schagen
Alkmaar
Bergen
Hoorn
Enkhuizen
Medemblik
Workum
Stavoren
IJsselmeer
Markermeer
Purmerend
Edam
Volendam
Lelystad
Beverwijk
IJmuiden
ZAANSTAD
AMSTERDAM
HAARLEM
Zandvoort
Heemstede
Amstelveen
Almere
Hilversum
Noordwijk
Katwijk
Wassenaar
LEIDEN
Alphen a.d. Rijn
UTRECHT
Zeist
Nieuwegein
DEN HAAG
'S-GRAVENHAGE
Scheveningen
Sea Life Centre
ZOETERMEER
Gouda
Delft
Monster
's-Gravenzande
Naaldwijk
Hoek van Holland
ROTTERDAM
Maassluis
Vlaardingen
Schiedam
Spijkenisse
Hellevoetsluis
DORDRECHT
Gorinchem
Culemborg
Zaltbommel
'S-Hertogenbosch
Waalwijk
TILBURG
BREDA
Roosendaal
Bergen op Zoom
EINDHOVEN
Oosterschelde
Goes
Middelburg
Vlissingen
Westkapelle
Domburg
Zierikzee
Tholen
Terneuzen
Hulst
Knokke-Heist
BRUGGE
(BRUGES)
BELGIE
BELGIQUE
GENT
(GAND)
St.-Niklaas
(St.-Nicolas)
Lokeren
(ANVERS)
ANTWERPEN
Brasschaat
Kapellen
Turnhout
Herentals
Mol
Geel
Lier
(Lierre)
Vlaanderen

GROSSE STÄDTE, LANGE STRÄNDE

Südholland ist das am dichtesten besiedelte Gebiet der Niederlande. Die großen Städte Den Haag und Rotterdam locken mit Museen mit Weltgeltung, Restaurants und Stadtkultur. Gleichzeitig liegt die Provinz aber auch am Meer – und bietet Seebäder, Strände und Ferienorte. Letzteres gilt auch für das kleine Seeland.

1 Leiden

Rembrandts Geburtsstadt (127 000 Einw.; Stadtrecht 1266) ist eine Stadt für Museumsfreunde – nirgends in den Niederlanden gibt es so viele Ausstellungen wie hier. Die Universität wurde 1575 zu Zeiten des Widerstands gegen die Spanier gegründet und ist damit die älteste der Niederlande.

SEHENSWERT
In der reizvollen, von Grachten durchzogenen **Altstadt** TOPZIEL lohnen vor allem die Rapenburggracht und die großen Kirchen einen Besuch. In der **Pieterskerk**, deren älteste Teile auf das 12. Jh. zurückgehen, sind die Grabkapellen verdienter Professoren sehenswert (Kloksteeg 16; tgl. 11.00–18.00 Uhr). Wegen seines hohen Turms kann man das Rathaus aus dem 17. Jh. leicht mit einer Kirche verwechseln; das Innere des **Stadthuis** stammt allerdings aus neuerer Zeit – in einer eisigen Januarnacht 1929 fiel das Rathaus einem Brand zum Opfer. Der **Botanische Garten** vom Ende des 16. Jh.s ist der älteste seiner Art nördlich der Alpen (Rapenburg 73, https://hortusleiden.nl; April–Sept. tgl. 9.00–18.00, sonst tgl. 10.00 bis 17.00 Uhr). Einen guten Blick über die Stadt hat man von der **Festungsanlage De Burcht** (Burgsteeg 14).

MUSEEN
Das **Naturalis-Naturkundemuseum** liegt etwas außerhalb des Zentrums und ist größtes seiner Art in den Niederlanden (Pesthuislaan 7, www.naturalis.nl; tgl. 10.00–17.00 Uhr). Von den vielen anderen Museen lohnen das **Völkerkundemuseum** (Museum Volkenkunde, Steenstaat 1, https://leiden.wereldmuseum.nl; Di.–So. 10.00–17.00 Uhr), das **Altertumsmuseum** (Rijksmuseum van Oudheden, Rapenburg 28, www.rmo.nl; tgl. 10.00–17.00 Uhr) und **De Lakenhal** in der einstigen Tuchhalle mit ihrer Gemäldesammlung (Oude Singel 28, www.lakenhal.nl; Di.–So. 10.00–17.00 Uhr). Das **Museum der Weberei** (Het Leids Wevershuis, Middelstegracht 143, www.wevershuis.nl; Di. bis So. 13.00–16.00 Uhr) erinnert daran, dass Leidener Stoffe einst für ihre Qualität sehr bekannt waren.

RESTAURANTS
Das €€ **Rembrandt Roast** ist ein modern eingerichtetes Lokal mit exquisiter internationaler Küche und erstaunlich günstig (Rembrandtstraat 2, Tel. 07 15 13 77 67, https://rembrandtroast.nl, tgl. 17.00–22.00 Uhr). Im gemütlichen € **Café de Bonte Koe** treffen sich seit 120 Jahren Studenten auf ein Bier (Hooglandsekerkkoorsteeg 13, Tel. 07 15 14 10 94, www.cafedebontekoe.net).

UMGEBUNG
Weltbekannt sind der **Blumenpark Keukenhof** TOPZIEL in Lisse (20 km nördl.), in dem jedes Jahr 7 Mio. Tulpen, Narzissen und Hyazinthen blühen (www.keukenhof.nl; tgl. Ende März–Mitte Mai 8.00–19.30 Uhr).
Bei Feriengästen beliebt sind die Städtchen **Noordwijk** (11 km nordw.) und **Katwijk** (10 km nordw.) mit herrlichen Dünenstränden.

INFORMATION
VVV Leiden, Stationsweg 26, NL-2312 AV Leiden, Tel. 07 15 16 60 00, www.visitleiden.nl

2 Den Haag

Mit 562 000 Einw. ist die drittgrößte Stadt des Landes Sitz der Regierung; schon 1593 hatten die Generalstaaten hier ihr Zentrum. Aus einer Burg (um 1250) der Grafen von Holland wurde die heutige Residenz des Königshauses. Zudem sind viele internationale Organisationen in Den Haag beheimatet, u. a. der Internationale Gerichtshof und der Internationale Strafgerichtshof. Auch die niederländische Kunstszene hat hier ihre Hochburg.

SEHENSWERT
Der **Binnenhof** mit dem Sitz des niederländischen Parlaments (teilw. ab 17. Jh.) und dem Rittersaal (Urspr. 13. Jh.) steht bei Besuchern ganz oben auf der Liste (Besichtigung des Rittersaals und des Parlaments nur im Rahmen von Führungen, Buchung auf www.prodemos.nl). Ganz in der Nähe liegen das alte Renaissance-**Rathaus** aus dem 16. Jh. und die gotische **Sint-Jakobskerk** (14. Jh.) mit ihrem 100 m hohen sechseckigen Turm (15. Jh.). Der Friedenspalast, Sitz des Internationalen Gerichtshofes, liegt etwas außerhalb; er kann nur an einigen Wochenenden im Jahr und nur im Rahmen von Führungen besichtigt werden (Vredespalais, Carnegieplein 2, www.vredespaleis.nl; Besucherzentrum Mi.–So. 12.00–16.00 Uhr).

Das niederländische Parlament in Den Haag (links); am Museumshafen von Leiden (rechts oben); Reiterfreuden in Katwijk (rechts unten).

MUSEEN
Berühmtestes Gemälde im **Mauritshuis** **TOPZIEL** ist Vermeers „Mädchen mit dem Perlenohrring"; präsentiert werden weitere große Namen wie Rembrandt, Rubens, van Dyck und Frans Hals (Plein 29, www.mauritshuis.nl; Mo. 13.00–18.00, Di.–So. 10.00–18.00 Uhr). Im **Escher Palais,** dem ehem. Winterpalast (18. Jh.) von Königsmutter Emma, widmet man sich den wegen ihrer ungewöhnlichen Perspektiven faszinierenden Bildern von M. C. Escher (1898 bis 1972; Lange Voorhout 74, https://escherinhetpaleis.nl; Di.–So. 11.00–17.00 Uhr). Das **Panorama Mesdag**, ein riesiges Rundgemälde, erlaubt eine Zeitreise zurück ins Scheveningen von 1880 (Zeestraat 65, https://panorama-mesdag.nl; tgl. 10.00–17.00 Uhr). Das **Gemeentemuseum** zeigt neben Ausstellungen zur Stadtgeschichte auch moderne Kunst (Stadhouderslaan 41, www.gemeentemuseum.nl; Di.–So. 10.00–17.00 Uhr).

VERANSTALTUNGEN
Am **Prinzentag** fährt das königliche Paar in gläserner Kutsche vom Noordeinde-Palast bis zum Rittersaal im Binnenhof (3. Di. im Sept.). Spektakulär ist das **Feuerwerkfestival** in Scheveningen am zweiten und dritten Aug.-Wochenende.

HOTEL UND RESTAURANT
Erstes Haus am Platz ist das noble **€€€ Hotel des Indes** (Lange Voorhout 54, NL-2514 EG Den Haag, Tel. 07 03 61 23 45, www.hoteldesindesthehague.com), in dem einst Mata Hari ihrer „Spionagetätigkeit" nachging. Im Botschaftsviertel bietet das **€€€ Carlton Ambassador** ebenfalls Spitzenhotellerie (Sophialaan 2, NL-2514 JP Den Haag, Tel. 07 03 63 03 63, www.carlton.nl/hotel-ambassador-den-haag).
Gemütlich geht es im **€ Lola Bike & Coffee** zu, einer Kombination aus Fahrradladen und Kaffeehaus – typisch holländisch eben (Noordeinde 91, www.lolabikesandcoffee.nl).

Tipp

Den Haag von oben

Von den Penthouse Sky Apartments im The Hague Tower genießt man den besten Blick auf Den Haag. Bei gutem Wetter reicht die Sicht bis zum Flughafen Schiphol und der Hafeneinfahrt von Rottderdam. Die luxuriös-modern eingerichteten Studios und XL-Appartements befinden sich im 29. bis 39. Stock. Wer möchte, kann sich das Frühstück aufs Zimmer liefern lassen.

INFORMATION
€€€/€€ The Penthouse, Rijswijkseplein 786, Tel. 07 03 05 10 00, www.thepenthouse.nl

Rotterdams Hauptbahnhof (oben); Zierikzees Zuidhavenpoort stammt noch aus dem 15. Jh. (rechts).

UMGEBUNG
Den Badeort **Scheveningen** mit seiner bekannten Pier erreicht man von Den Haag mit der Straßenbahn. **Delft** (16 km südöstl.) begeistert mit der Nieuwe Kerk (14. Jh.), dem Rathaus (Renaissance, 13. und 17. Jh.) und der Stadtwaage (um 1770) rund um den Grote Markt. Die beste Stimmung findet man im Sommer in den Restaurants rund um den Beestenmarkt.

INFORMATION
The Hague Info Store, Koningin Julianaplein 50-51, 2595 AA Den Haag, https://denhaag.com, Email: vvvwinkel@thehague.com

3 Rotterdam

Vor ein paar Jahren noch galt die Hafenmetropole (664 000 Einw.) als hässliches Entlein. Heute ist die Industriestadt als eine der modernsten Europas Reiseziel von Kunst-, Architektur- und Partyinteressierten. Bereits im 14. Jh. und vor allem im 16./17. Jh. kam die Stadt (Stadtrecht 1340) zu Wohlstand. Doch erst die Selbstständigkeit Belgiens mit dem Hafen Antwerpen 1830 führte zur Entwicklung eines Hafenplatzes von Weltrang.

SEHENSWERT
Seit Kurzem ist die um 1920 erbaute **Van-Nelle-Fabrik** (Van Nelleweg 1) als Symbol der Moderne und des Funktionalismus UNESCO-Welterbestätte; heute dient der frühere Firmensitz eines Tee-, Kaffee- und Tabakimporteurs als Bürohaus. Architektonische Highlights sind zudem die 2014 eröffnete hufeisenförmige **Markthalle** (D. J. Scharpstraat, www.markthal.nl; Mo.–Sa. 10.00–20.00, So.12.00–18.00, Fr. bis 21.00 Uhr) und die **Kubushäuser**, die an auf Ecke gestellte Würfel erinnern (Overblaak 70, www.kubuswoning.nl; tgl. 11.00–17.00 Uhr). Einen Überblick über die Stadt bietet das Aussichtsrestaurant des **Euromasts** in 92 m Höhe; der Turm ist 185 m hoch. An seiner Außenseite schraubt sich eine rotierende Gondel nach oben (Parkhaven 20, https://euromast.nl; April–Sept. Di.–So. 9.30–22.00, sonst 10.00–22.00 Uhr).

MUSEUM
Das Kunstmuseum **Boijmans van Beuningen** nennt eine herausragende Gemäldesammlung sein Eigen: von Rubens und Rembrandt bis Matisse, Kandinsky, Munch und Chagall (Museumpark 18, www.boijmans.nl; wegen Renovierung vermutlich bis 2029 geschl; Teilausstellung im Depot gleich daneben).

ERLEBEN
Eine **Hafenrundfahrt** darf bei einem Rotterdambesuch nicht fehlen. Schließlich ist man im **Europoort** im größten Hafen Europas unterwegs (www.spido.nl).

HOTELS UND RESTAURANT
Das **€€€ New York** im ehem. Verwaltungsgebäude der Schifffahrtsgesellschaft Holland-America-Line strahlt die Atmosphäre der 1920er-Jahre aus. Das Restaurant **€€€/€€ The Basement** im Untergeschoss zählt zu den besten der Stadt (Koninginnenhoofd 1, NL-3072 AD Rotterdam, Tel. 01 04 39 05 00, https://hotelnewyork.com). Nicht weit entfernt liegt die **€€€ SS Rotterdam** vor Anker (3e Katendrechtsehoofd 25, NL-3072 AM Rotterdam, Tel. 01 02 97 30 90, https://ssrotterdam.nl). Das 1959 gebaute Passagierschiff ist heute Luxushotel, kann aber auch von Nicht-Gästen gegen Gebühr besichtigt werden. Einfacher wohnen junge Leute im **€ Stayokay Hostel** in den Kubushäusern (Overblaak 85, NL-3011 MH Rotterdam, Tel. 01 04 36 57 63, www.stayokay.com).

UMGEBUNG
Die zum UNESCO-Welterbe zählenden 19 Windmühlen von **Kinderdijk** **TOPZIEL** (überw. 18. Jh.) dienten zur Entwässerung der umliegenden Polder (Museumsmühlen, https://kinderdijk.nl; März–Okt. tgl. 9.00–17.30 Uhr, sonst kürzer).

INFORMATION
Rotterdam Info, Coolsingel 114, NL-3011 AG Rotterdam, Tel. 01 07 90 01 85, https://rotterdam.info

4 Gouda

Nicht nur Käsefreunden ist Gouda ein Begriff. Von Grachten umschlossen, bietet die 75 300 Einw. zählende Stadt (Stadtrecht 1272) Besuchern eine Vielfalt an Sehenswürdigkeiten aus jahrhundertelanger Geschichte. Hauptanziehungspunkt ist aber der Käsemarkt, auf dem Händler in traditionellen Trachten verkaufen.

SEHENSWERT
Der **Marktplatz** bündelt die großen Sehenswürdigkeiten der Stadt; hier findet von April bis Aug. der Käsemarkt statt (Do. 10.00–12.30 Uhr); hier stehen die Renaissance-**Waage** mit Käse- und Handwerksmuseum (1668; April–Okt. tgl. 12.00–17.00 Uhr), in der einst der Käse der Region vor dem Verkauf gewogen und besteuert wurde, das spätgotische **Rathaus** (um 1450; April–Sept. Di.–So. 11.00–15.00 Uhr), dessen Freiterrasse früher der Richtplatz war, und die **Sint-Janskerk** aus dem 16. Jh, mit 123 m das längste Gotteshaus der Niederlande (März bis Nov. Mo.–Sa. 10.00–17.30, sonst Mo.–Sa. 10.00 bis 16.00 Uhr).

RESTAURANT
€€ **De Mallemolen** ist ein kulinarisches Juwel direkt am Wasser. Es bietet holländische Küche mit internationalem Einschlag (Ostehaven 72, Tel. 01 82 51 54 30, www.restaurantdemallemolen.nl; Mo. und Di. geschl.).

INFORMATION
VVV Gouda, Goudse Waag, Markt 35, NL-2801 JK Gouda, Tel. 01 82 58 91 10, https://willkommeningouda.com

5 Middelburg

Die Hauptstadt der Provinz Seeland mit knapp 50 000 Einw. wurde im Zweiten Weltkrieg erst von den Deutschen und später noch einmal von den Alliierten bombardiert und nahezu völlig zerstört. Fast alles, was noch an historischen Gebäuden zu sehen ist, geht auf Rekonstruktionen nach dem Krieg zurück.

SEHENSWERTES
Das **Stadhuis** (urspr. 16. Jh.) gilt als einer der schönsten gotischen Profanbauten des Landes. Besuchenswert ist auch die frühere **Abtei Onze Lieve Vrouwe** (überw. 16. Jh.) mit dem Zeeuws Museum; vom 91 m hohen Abteiturm genießt man den Rundblick über Seeland (Abdijplein 1, www.zeeuwsmuseum.nl; Di.–So. 11.00–17.00 Uhr).

UMGEBUNG
Seeland ist eine Provinz, die früher vor allem vom Fischfang lebte und heute gern von Badetouristen aus allen Ländern Europas besucht wird. Ausflüge von Middelburg führen deswegen meist ans Meer: ins malerische Städtchen **Veere** (8 km nördl.), zur Hafenstadt **Vlissingen** (8 km südl.; schöne, im Sommer überfüllte Strände), nach **Zierikzee** (42 km südl.; lange Standstände) mit einer von einem Grachtengürtel eingefassten Altstadt, zum Fischerdorf **Yerseke** (40 km westl.) und zum 1986 in Betrieb genommenen **Oosterschelde-Staudamm,** einem Teil des riesigen Deltaplan-Projekts (16 km nördl.).

INFORMATION
Visit Middelburg, Markt 51, NL-4331 LK Middelburg, Tel. 01 18 67 43 00, www.uitinmiddelburg.nl

GEMÜSE AUF DEM DACH

Unten fahren die Autos vorbei, hoch oben wächst der Kürbis. Auf dem Dach des Schieblock in Rotterdam, einem hässlichen Bürohochhaus aus den 1950er-Jahren, liegt seit 2012 der größte Dachgarten Europas. „De DakAkker“, der Dachacker, hat eine Fläche von 1000 Quadratmetern. Hier gedeiht Gemüse aller Art, sprießen Kräuter und Blumen, fressen sich Kompostwürmer durch den Biomüll und produzieren mit ihren Ausscheidungen den idealen Dünger.

Überhaupt ist alles, was hier oben wächst, „bio“. Sogar Bienen surren durch das Pflanzenparadies in luftiger Höhe. Sechs Bienenkästen stehen auf dem Flachdach. Der Imker erzählt, dass seine Tierchen nicht nur die Pflanzen der Dachfarm, sondern auch die der Umgebung bestäuben und ganz nebenbei leckeren Rotterdamer Stadthonig produzieren. Wer die Produkte des Dachgartens gleich vor Ort ausprobieren möchte, bucht einen Tisch im Restaurant Op Het Dak, das neben den Beeten liegt. Beim gesunden Frühstück oder Lunch kann man dann über den intelligenten Regenwasserspeicher nachdenken: Die Wasseraufnahme des „Smartroof“ wird automatisch durch Wetterprognosen reguliert – dies stellt nicht nur die Bewässerung der Pflanzen sicher, es könnte auch eine Lösung für die Probleme einer vom Hochwasser bedrohten Stadt sein.

Urban Gardening mit Köpfchen: Rotterdams DakAkker macht's vor.

Lange war die Gegend um den Schieblock ein Problemviertel und ein trauriges Beispiel misslungener Stadtplanung. Nachdem man in den 1970er-Jahren eine sechsspurige Hauptverkehrsstraße durch das Gebiet gebaut hatte, zogen immer mehr Menschen weg. Das Viertel verwaiste und wurde zu einer Ödnis aus leer stehenden Bürogebäuden. Inzwischen haben die Rotterdamer den Stadtteil – auch dank Projekten wie dem Dachgarten – zurückerobert. Im Schieblock arbeiten heute Start-ups und Designer, in der Nachbarschaft haben Kneipen und Restaurants eröffnet, und eine 390 Meter lange Fußgängerbrücke verbindet das Schieblock-Viertel über die Straßenschluchten hinweg mit dem Zentrum.

De DakAkker, Schiekade 189, https://dakakker.nl

HILFREICH & NÜTZLICH

Keine Reise ohne Planung. Auf den folgenden Seiten sind Wissenswertes und wichtige Informationen für einen Urlaub in den Niederlanden zusammengefasst.

An der Amsterdamer Egelantiersgracht liegt das typisch holländische Café „t' Smalle".

Anreise

Mit dem Auto: Den Norden des Landes erreicht man über die A 30 (ab Osnabrück), in den Niederlanden führt dann die A 1 weiter über Apeldoorn nach Amsterdam. Nimmt man ab Apeldoorn die A 28, erreicht man Utrecht, von wo die A 12 nach Gouda und Den Haag führt. Ist Rotterdam das Ziel, wechselt man ab Gouda auf die A 20.
Den Süden erreicht man aus Deutschland kommend über Dortmund, Essen und Duisburg auf der A 40; ab Venlo auf der niederländischen Seite heißt die Autobahn A 67, führt an Eindhoven vorbei nach Antwerpen (Belgien). Höhe Eindhoven lässt sich auf die A 2 und kurz darauf auf die A 58 wechseln, die in westlicher Richtung nach Middelburg und damit an die niederländische Südküste führt.
Mit dem Zug: Über die Schienenwege sind die Niederlande bestens an den bundesdeutschen Westen angebunden. Ab Köln braucht der ICE nach Amsterdam gut 2,5 Std., ab Berlin lässt sich die Grachtenstadt mit der schnellsten Direktverbindung in rund 6,5 Std. erreichen.
Mit dem Flugzeug: Der Flughafen Amsterdam-Schiphol wird von zahlreichen deutschen Flughäfen u. a. von KLM (www.klm.com) und Lufthansa (www.lufthansa.com) direkt angeflogen, im Sommer fliegt auch easyJet von mehreren deutschen Städten (www.easyjet.com). Der Flughafen Rotterdam wird u. a. ab Hamburg, Berlin und München direkt bedient.

Auskunft

Das **Niederländische Büro für Tourismus** bietet über die Webseite www.holland.com viele nützliche Informationen zu Reisezielen und aktuellen Veranstaltungen in den Niederlanden.
Vor Ort werden Touristen natürlich in allen größeren Städten in eigenen Fremdenverkehrsbüros beraten. Einige Regionen unterhalten eigene Tourismuszentralen und Onlineportale, andere nur eine Website.
Adressen bzw. Internet: Flevoland (https://flevoland.nl, www.visitflevoland.nl). Zentral-Nordholland (VVV Hart van Noord Holland, Waagplein 2, NL-1811 JP Alkmaar, Tel. 07 25 11 42 84, https://alkmaarprachtstad.nl). Südholland (VVV Zuid-Holland, Spuiboulevard 99, NL-3311 GN Dordrecht, Tel. 0031 78 632 24 40, https://indordrecht.nl). Zeeland (www.vvvzeeland.nl).

Autofahren

Auf niederländischen Autobahnen beträgt die zulässige **Höchstgeschwindigkeit** 100 km/h, auf ausgewiesenen Strecken 130 km/h. Auf Landstraßen sind 80 km/h erlaubt, in Ortschaften 50 bzw. 30 km/h. Die **Promillegrenze** liegt bei 0,5 ‰; wer mit mehr Alkohol im Blut am Steuer erwischt wird, muss mit drastischen **Geldstrafen** rechnen. Auch Geschwindigkeitsübertretungen, Telefonieren am Steuer ohne Freisprechanlage und andere Verstöße können schnell mehrere Hundert Euro teuer werden.

Essen und Trinken

Die niederländische Küche gilt gemeinhin als bodenständig und nicht besonders raffiniert. Das muss kein Nachteil sein. An ungemütlichen Wintertagen ist ein **Stamppot**, der typisch holländische Eintopf aus gestampften Kartoffeln, Gemüse und Fleisch, eine Wohltat für Leib und Seele. Das Gleiche gilt für die von den Holländern ebenfalls heißgeliebte **Erwtensoep** (Erbsensuppe). Die deftigen Gerichte lässt man sich nicht nur an den Familientischen schmecken – sie stehen neuerdings in vielen von jungen Leuten frequentierten Lokalen häufig auf der Speisekarte. Dabei kommen die Rezepte aus Uromas Kochbuch meist in leicht abgespeckter Weise zu neuen Ehren. Daneben beweisen kreative Küchenchefs vielerorts, dass die Spitzengastronomie längst einen festen Platz in den Niederlanden hat – landesweit gibt es mehr als 100 Restaurants mit mindestens einem Michelin-Stern.
Restaurants: Eine niederländische Institution sind die vielen **Cafés** und **Eetcafés.** Mit Cafés, wie man sie aus Deutschland kennt, haben sie allerdings nicht viel gemein. Vielmehr sind sie rustikale Speiselokale oder schlichtweg Kneipen, in denen man auch auf eine kleine Stärkung einkehren kann. Entsprechend typische Café-Gerichte sind Eintöpfe, belegte Brote oder auch Kroketten, also frittierte Fleisch- oder Gemüseröllchen, die sich die Niederländer am liebsten mit reichlich Ketchup, Mayonnaise oder Remoulade schmecken lassen.

Auch die **Bruin Cafés** findet man an jeder Straßenecke. „Bruin" (braun) deutet auf die besondere Art der Einrichtung hin: Dunkles, von unzähligen Rauchergenerationen gefärbtes Holzinterieur und knarrende Dielen gehören zur typischen Ausstattung dieser Lokale, in denen im Vergleich zu den Cafés die Aufnahme von Flüssigem eindeutig im Mittelpunkt steht. Im **Koffiehuis** ist man richtig, wenn einem der Sinn nach dem braunen Heißgetränk und einem Stück Kuchen steht; die Grandezza längst vergangener Zeiten strahlen die noblen Grand-Cafés aus.
Restaurants – von schlicht bis superedel – finden sich in allen großen Städten der Niederlande. Das Preisniveau entspricht etwa dem vergleichbarer Lokale in Deutschland. Trinkgeld ist nicht verpflichtend; einen aufmerksamen Service zu honorieren, ist aber nett und üblich – 10 % sind hier ein guter Richtwert. Restaurantempfehlungen finden sich auf den jeweiligen Info-Seiten.
Essenszeiten: Kulinarisch beginnt der Tag für die meisten Holländer mit dem **Ontbijt,** dem Frühstück. Die Tasse Kaffee (Kopje Koffie) gehört ebenso dazu wie ein Brötchen oder Brot, das mit Marmelade, Käse oder Wurst oder – in der supersüßen Variante – mit Schokostreuseln belegt, bestrichen oder bestreut wird.
Mittags warm zu essen, ist in den Niederlanden nicht üblich. Zu dieser Tageszeit stärkt man sich mit einem belegten Brötchen, gern mit Matjes, Zwiebeln und sauren Gurken, oder bestellt Fast Food – Pommes frites, Fish and Chips oder Bitterballen. Die frittierten Rinderhackbällchen sind beliebt, auch wenn sie nicht gerade zu den Schlankmachern gehören. Viele Restaurants und Eetcafés öffnen erst am frühen Abend. Neben den Snackbars empfehlen sich mittags Käse- und Feinkostgeschäfte, an deren Theken man frisch belegte Sandwiches bekommt. An besonders touristischen Orten

Preiskategorien

€€€	Hauptspeisen	über 30 €
€€	Hauptspeisen	15–30 €
€	Hauptspeisen	bis 15 €

Im Mittelalter noch ein See, wurde der nordholländische Beemster um 1610 zum Polder. Mit seinen Windmühlen und ursprünglichen Dörfern ist er UNESCO-Welterbestätte.

bieten aber auch Restaurants einen Mittagstisch, meist zwischen 11.30 und 15.00 Uhr. Nach Feierabend treffen sie sich Niederländer gern zum **Aperitif** (Borrel) in einem Lokal. Bei einem Bier oder einem Glas Wein tauscht man Neuigkeiten aus und verzehrt gern Borrel-Hapjes: Käsewürfel, Fleischbällchen und andere deftige Kleinigkeiten.
Das **Abendessen** ist die Hauptmahlzeit für die Holländer. Die Restaurants füllen sich vergleichsweise früh. In der Regel bieten sie von 18.00 bis 22.30 Uhr warme Küche an.
Spezialitäten: Hollandse Nieuwe – also Matjesfilets, die in einer Salzlake durch fischeigene Enzyme vor allem aus der Bauchspeicheldrüse gereift sind – lassen sich die Niederländer seit mehr als 600 Jahren schmecken. Der mildaromatische **Matjeshering** wurde so etwas wie das kulinarische Nationalheiligtum der Holländer.
Die niederländischen **Käsereien** stellen jedes Jahr 650 Mio. Kilo Käse her. Zwei Drittel davon werden ins Ausland verkauft, was die Niederlande zum größten Käseexporteur der Welt macht. Gouda und Edamer – benannt nach den beiden Städten, in denen sie ursprünglich verkauft wurden – sind die bekanntesten Sorten. Es gibt jedoch noch viele andere, darunter Amsterdamer, Alkmaarer, Maaslander, Maasdamer, Texelaar-Kollumer, Leydener, Leerdammer und Limburger Käse. Ende des 19. Jh.s kam das Ende der traditionellen Käseherstellung. Heute produzieren fast ausschließlich Großbetriebe, die sich zumeist auf eine einzige Sorte spezialisiert haben. Vereinzelt bekommt man aber auch heute noch handgefertigten Boerenkaas (Bauernkäse). Gelegenheit, reichlich zu kosten, bieten Wochenmärkte und natürlich die bekannten Käsemärkte in Gouda, Edam und Alkmaar.
Holländer lieben Süßes – **Pannenkoeke** gehören zu den Favoriten. Die Eierpfannkuchen bekommt man zu jeder Tageszeit in eigens eingerichteten Pannenkoek-Huizen. Auf Wochenmärkten werden gern **Poffertjes** genascht, süße Minipfannkuchen, die nicht ganz durchgebacken werden, damit sie einen weichen Kern behalten. Am besten schmecken die kleinen Kalorienbomben warm, mit Puderzucker bestreut. Damit es holländischen Naschkatzen nicht langweilig wird, wurden auch noch **Wafels** erfunden. Die lässt man sich warm und mit Schlagsahne, Fruchtmus oder einer Kugel Eis schmecken.
Von Juli bis April werden im Wattenmeer vor den Friesischen Inseln **Mosselen** (Miesmuscheln) geerntet. Meist in Weißweinsud zubereitet, sind die Schalentiere eine Delikatesse, die in vielen Speiselokalen auf der Karte steht.
Spargelgemüse bauen die Niederländer an mehreren Orten an, **Limburger Spargel** ist der bekannteste. Die Spargelzeit beginnt am zweiten April-Do. und endet am 24. Juni. Dann kann man das „weiße Gold" speziell in und um Limburg in vielen Variationen schlemmen.
Getränke: Neben Kaffee und Tee ist **Bier** das beliebteste Getränk der Niederländer. Ein Biertje wird in kleinen Gläsern ausgeschenkt – besonderen Absatz haben die Kneipen in der Borreluur, also zum Feierabendbeginn. Das Pilsener des Platzhirschen Heineken fehlt fast in keiner Kneipe; ebenfalls weit verbreitet sind Grolsch und Brand. Wenn den Holländern der Sinn nach einem besonderen Bier steht, bestellen sie allerdings oft ein belgisches.
Ein typisch holländisches Produkt ist **Jenever,** ein Kornbrand, den man mit Wachholderbee-

Info

Daten & Fakten

Landesnatur: Die Niederlande erstrecken sich über eine Fläche von 41 585 km². Etwa die Hälfte der Landesfläche entfällt auf das küstennah gelegene Tiefland, das im Durchschnitt weniger als 1 m über dem Meeresniveau liegt; rund ein Viertel der gesamten Niederlande liegt gar unterhalb des Meeresspiegels. Deiche schützen das von Watt-, Dünen-, Polder- und Marschlandschaften geprägte Tiefland, das in weiten Teilen dem Meer abgetrotzt wurde, vor regelmäßigen Überflutungen. Die Grenze zum mindestens 3 m über dem Meer liegenden hügeligen „Hochland" bildet eine gedachte Linie zwischen Bergen op Zoom im Südwesten und Winschoten im Nordosten.
Höchster Gipfel ist mit 323 m der Vaalser Berg nahe der Grenze zu Deutschland und Belgien, tiefster Punkt Nieuwerkerk aan den Ijssel in Südholland mit 6,74 m unter Meereshöhe. Größte Flüsse sind Rhein, Maas und Schelde.
Klima: In den Niederlanden herrscht ein gemäßigtes Meeresklima – die Winter sind nicht allzu kalt, die Sommer nicht besonders warm. Im Südosten des Landes klettert das Thermometer im Sommer ein paar Grad höher als an der Küste, dafür fällt im Winter dort auf den Höhen der hügeligen Landschaft sogar gelegentlich Schnee.
Bevölkerung: Die Niederlande werden von knapp 17,6 Mio. Menschen bewohnt; mit 423 Einw./km² gehört das Land zu den am dichtesten besiedelten Staaten der Welt. Die größten Metropolen sind die Hauptstadt Amsterdam (921 000 Einw.), Rotterdam (664 000 Einw.) und der Regierungssitz Den Haag (562 000 Einw.). Aufgrund ihres hohen Lebensstandards, ihrer religiösen Toleranz, aber auch ihrer kolonialen Vergangenheit sind die Niederlande seit Jahrhunderten Einwanderungsland.
Regierungsform: Die Niederlande sind eine parlamentarische Monarchie, Staatsoberhaupt ist König Willem-Alexander. Er ernennt Ministerpräsidenten und Minister und gehört offiziell der Regierung an. Das Parlament besteht aus zwei Kammern, die erste wird von den Abgeordneten der zwölf Provinzregierungen, die zweite von den Niederländern direkt gewählt. Amtierender Ministerpräsident ist seit 2010 Mark Rutte von der rechtsliberalen Volkspartij voor Vrijheid en Democratie (VVD). Rutte bleibt geschäftsführender Ministerpräsident, bis nach der Parlamentswahl von 2023 eine neue Regierung gebildet ist.
Wirtschaft: Die Niederlande sind eine Dienstleistungsgesellschaft; nur noch etwa ein Viertel der Beschäftigten arbeitet in der Industrie (Nahrungsmittelverarbeitung, Chemie-, Pharma- und Elektroindustrie). Fast alle Rohstoffe müssen importiert werden. Diesen Nachteil gleicht die geografisch günstige Lage am westlichen Rande Europas aus. Rotterdam ist der wichtigste Seehandel-Umschlagplatz Europas. Außerdem sind die Niederlande nach den USA der zweitgrößte Exporteur von Agrarprodukten. Das schafft das flächenmäßig kleine Land nur durch ausgeklügelte Massentierhaltung und intensivste Nutzung der Ressourcen.

Info

Geschichte

1500 v. Chr. Germanen besiedeln das Gebiet der heutigen Niederlande.
Ab 58 v. Chr. Die Römer dringen vor.
4. Jh. n. Chr. Die Franken übernehmen die Herrschaft im Süden des Territoriums. Im Norden und in den Küstenregionen haben die Friesen das Sagen.
8. Jh. Karl der Große erobert die gesamte Region und unterwirft auch die Friesen.
11. Jh. Nach dem Zerfall der Karolingerreiche bilden sich kleine Herrschaftsterritorien, die mit Ausnahme Flanderns (heute belgisch) zum späteren Heiligen Römischen Reich Deutscher Nation gehören.
14. Jh. Die flandrische Erbtochter Margarete von Male heiratet Philipp den Kühnen von Burgund. Durch die Verbindung werden einige Gebiete der heutigen Niederlande mit dem burgundischen Reich vereint.
15./16. Jh. Im Burgundischen Erbfolgekrieg (1477–1493) gelangen die heutigen Niederlande in den Besitz der Habsburger und gehören unter Karl V. zu dessen Weltreich.
1568–1648 Achtzigjähriger Krieg: Infolge der Repressionen der spanischen Habsburger, die den Protestantismus in den Niederlanden gewaltsam unterdrücken, schließen die protestantischen Nordprovinzen Friesland, Gelderland, Groningen, Holland Overijssel, Utrecht und Zeeland ein Schutzbündnis gegen die Spanier – die Utrechter Union. Sie erklären 1581 als „Republik der Vereinigten Niederlande" ihre Unabhängigkeit, die aber erst im Westfälischen Frieden von 1648 bestätigt wird.
17. Jh. Die Handelsgesellschaften Ostindische und Westindische Kompanie werden 1602 gegründet. Durch den Handel mit Südostasien, Westafrika und Amerika erleben die Niederlande als Kolonialmacht eine wirtschaftliche und kulturelle Blüte.
1795 Französische Revolutionstruppen erobern die Niederlande und bilden als Batavische Republik eine französische Tochterrepublik. 1806 wird diese zum Königreich Holland, regiert von Louis Bonaparte, einem Bruder Napoleons.1810 wird das Königreich Holland von Frankreich annektiert.
1813–1815 Die Niederländer rebellieren gegen die Fremdherrschaft und werden nach der Niederlage Napoleons bei Waterloo wieder ein selbstständiges Königreich.
1830 Belgien löst sich vom Vereinigten Königreich der Niederlande.
1914 Im Ersten Weltkrieg bleiben die Niederlande neutral.
1939 Im Zweiten Weltkrieg besetzen deutsche Truppen das Land, die königliche Familie und die Regierung fliehen nach England bzw. Kanada; 120 000 niederländische Juden werden in Konzentrationslager abtransportiert, die meisten von ihnen dort ermordet.
1949 Die Niederlande sehen sich gezwungen, ihre Kolonien in die Unabhängigkeit zu entlassen. Den Anfang macht Indonesien
1957 Das Land gehört zu den Mitgründern der Europäischen Gemeinschaft.
2013 Willem-Alexander wird König.
2021 Bei den Parlamentswahlen siegt erneut die konservativ-liberale VVD von Ministerpräsident Marc Rutte.
2023 Bei vorgezogenen Parlamentswahlen siegt die Partei für die Freiheit (PVV) des Rechtspopulisten Geert Wilders.

ren aromatisiert. Bereits 1575 wurde die Likörfabrik Bols gegründet, deren Klassiker Apricot Brandy, (Curaçao) Blue und Advocaat (Eierlikör) weltweit bekannt und Basis vieler Cocktails sind.

Feiertage, Feste, Feiern

Gesetzliche Feiertage (arbeitsfreie Tage): Neujahr (1. Januar), Karfreitag, Ostermontag, Königstag (27. April; wenn das Datum auf einen Sonntag fällt, wird dieser Nationalfeiertag um einen Tag vorverlegt), Befreiungstag (5. Mai), Christi Himmelfahrt, Pfingstmontag, Weihnachten (25./26. Dez.).
Die Niederländer feiern gern mit Pomp und Paraden – die feierlichsten Anlässe dafür bietet die Monarchie. Der Geburtstag von König Willem-Alexander am 27. April **(Koningsdag)** wird ebenso ausgelassen begangen wie der **Prinsjesdag** am dritten Sept.-Di., an dem das parlamentarische Sitzungsjahr eröffnet wird.

Geld

Die Niederlande gehören zum Euro-Raum, Ein- und Zwei-Centstücke sind nicht in Gebrauch, einige Geschäfte nehmen gar kein Bargeld mehr an. Deutlich weiter verbreitet ist dagegen das „Pinnen", also das Zahlen mit Kredit- oder Geldkarte und PIN, das häufig beim Bäcker oder auf Märkten möglich ist.

Gesundheit

Mit der Europäischen Krankenversicherungskarte (EHIC) haben gesetzlich Versicherte aus Deutschland, Österreich und der Schweiz Anspruch auf eine notwendige ärztliche Hilfe. Da die ärztlichen Leistungen anders abgerechnet werden als in Deutschland, können Patienten allerdings auf einem Teil der Kosten sitzenbleiben. Daher empfiehlt sich eine zusätzliche Auslandskrankenversicherung, die auch die Kosten für den Rücktransport nach Deutschland einschließt.

Notruf

Polizei, Feuerwehr und Rettungsdienst: 112

Reisezeit

Die Niederlande sind ein Ganzjahresziel. In den wärmsten Monaten – Juni, Juli und Aug. – liegen die Tagestemperaturen bei durchschnittlich 20 bis 22 °C, im Winter bei 5 bis 6 °C. Da die vom Meer kommenden Luftmassen stets mit viel Feuchtigkeit angereichert sind, gibt es häufige Regenschauer. An der Küste ist der März der regenärmste Monat, in anderen Landesteilen ist die Regenwahrscheinlichkeit im Herbst am geringsten.

Telefon

Vorwahl für Anrufe nach Deutschland: 0049, nach Österreich: 0043, in die Schweiz: 0041. Vorwahl für Anrufe in die Niederlande ist 0031, gefolgt von der Ortsvorwahl ohne 0 und der Teilnehmernummer.

Unterkunft

Hotels: Die Niederlande bieten ihren Gästen ein breites Übernachtungsspektrum. Hotels sind in fünf Kategorien unterteilt – gerade in jüngster Zeit sind auch viele Häuser der günstigeren Preisklassen gelungen designt an den Start gegangen.
Hotelempfehlungen finden sich auf den jeweiligen Infoseiten.
Bed & Breakfast: Eine gute Alternative für alle, die sich persönlichen Kontakt zu Einheimischen wünschen, sind Quartiere bei Privatvermietern – in Häusern, Wohnungen, Gartenhäuschen; auch B & Bs gibt es landesweit von einfach bis luxuriös.
Camping: Da die Niederländer ein ausgesprochenes Faible fürs Campen haben, sind Plätze für Wohnmobile und Zelte keinesfalls Mangelware. Dennoch empfiehlt sich in der Hauptsaison oft eine Reservierung. Naturcampingplätze in besonders schöner Landschaft sind auf www.natuurkampeerterreinen.nl gelistet.
Ferienhäuser: Auch die Auswahl an klassischen Ferienhäusern ist riesig. Fast jeder Ferienhausanbieter hat auch Häuser aus den Niederlanden im Programm, u.a www.novasol.de, www.casamundo.de, www.fewo-direct.de
Hausboote: Typisch für Amsterdam sind Hausboote, viele davon stehen als ungewöhnliche Touristenquartiere zur Verfügung (www.leboat.de).

Preiskategorien

€€€	Doppelzimmer	über 160 €
€€	Doppelzimmer	80–160 €
€	Doppelzimmer	bis 80 €

REGISTER

Fette Ziffern verweisen auf Abbildungen

Impressum

4. Auflage 2024

Verlag: DuMont Reiseverlag, Postfach 3151, 73751 Ostfildern, Tel. 0711 45 02-0, Fax 0711 45 02 -35, www.dumontreise.de
Geschäftsführer(in): Dr. Stephanie Mair-Huydts, Markus Schneider
Programmleitung: Andrea Wurth
Redaktion: Achim Bourmer
Text: Rasso Knoller und Dr. Christian Nowak, Berlin
Exklusiv-Fotografie: Rainer Kiedrowski, Ratingen
Titelbild: lookphotos/age fotostock (Kinderdijk)
Zusätzliches Bildmaterial: S. 18/19, 46 u. l./u. r., 47, 76, 78 o., 79, 95 DuMont Bildarchiv/Thomas Linkel; 20 l. mauritius/Darryl Brooks; 32 picture-alliance/Rzepka-Pressefoto; 33 l. picture-alliance/Pressefoto Baumann, 33 r. picture-alliance/Perenyi; S. 53 Shutterstock/TasfotoNL; 60 o. huber/Gräfenhain; 62 l. mauritius/Ger Bosma; 67 mauritius/Alamy/Frans Blok; 79 mauritius/Jussi Puikkonen; 83 picture-alliance/blickwinkel/McPhoto; 93 laif/Explorer/Patric Le Floch; 94 picture-alliance/chromorange; 111 u. laif/Sem van der Wal; 115 picture-alliance/Jochen Tack; 120 l. Shutterstock/Andrew Balcombe, 120 r. Shutterstock/HildaWeges Photography; 121 o. Shutterstock/Poleijphoto, 121 u. l. mauritius/Alamy/Tim Graham, 121 u. r. Shutterstock/RockerStocker
© VG Bild-Kunst, Bonn 2023 (S. 14/15, Skulpturen von Juan Munoz)
Grafische Konzeption, Art Direktion: fpm factor product münchen
Cover-Gestaltung, Layout: CYCLUS · Visuelle Kommunikation, Stuttgart
Kartografie: © MAIRDUMONT GmbH & Co. KG, Ostfildern
Kartografie Lawall (Karten für „Unsere Favoriten")
DuMont Bildarchiv: Marco-Polo-Straße 1, 73760 Ostfildern, bildarchiv@mairdumont.com

Anzeigenvermarktung: MAIRDUMONT MEDIA, Tel. 0711/4502-0, Fax 0711/4502-1012, media@mairdumont.com, http://media.mairdumont.com
Vertrieb Zeitschriftenhandel: PARTNER Medienservices GmbH, Postfach 810420, 70521 Stuttgart, Tel. 0711/7252-212, Fax 0711/7252-320
Vertrieb Abonnement: Leserservice DuMont Bildatlas, Zenit Pressevertrieb GmbH, Postfach 810640, 70523 Stuttgart, Tel. 0711/7252-265, Fax 0711/7252-333, dumontreise@zenit-presse.de
Vertrieb Buchhandel und Einzelhefte: MAIRDUMONT GmbH & Co KG, Marco-Polo-Straße 1, 73760 Ostfildern, Tel. 0711/4502-0, Fax 0711/4502-340
Reproduktionen: PPP Pre Print Partner GmbH & Co. KG, Köln

Printed in Germany

FSC® www.fsc.org MIX Papier | Fördert gute Waldnutzung FSC® C155291

Urlaub erinnern …

Jeder Urlaub geht einmal zu Ende – was bleibt, sind die Mitbringsel, aber auch die Erinnerungen an Land und Leute, an Aromen und Düfte und an manche Kuriosität.

PIKANTJE VON ANTJE

Seit den 1960er-Jahren hat Frau Antje im Fernsehen, in Zeitungen und Zeitschriften für holländischen Käse geworben und ist so zur inoffiziellen „Käsebotschafterin" geworden. Egal, ob Gouda, Edamer, Maaslander oder Leidse kaas mit Kümmel – ohne ein großes Stück Käse im Gepäck geht es nicht auf die Heimreise.

WOOLNESS

Texels Schafe liefern Wolle für das neue Wellness-Produkt „Woolness". Eingepackt in einen Berg Schafwolle kann man sich herrlich entspannen. Keine Angst, die Wolle kratzt überhaupt nicht – und macht die Haut durch ihren Lanolingehalt samtweich (Boutique Hotel Texel, www.hoteltexel.com).

TULPENRAUSCH

Haus und Hof muss man heutzutage zum Glück nicht mehr für ein paar Tulpenzwiebeln eintauschen – wie einst im 17. Jahrhundert, als für die bunten Frühlingsblumen astronomische Preise verlangt wurden. Es ist also ein preiswertes Vergnügen, Balkon oder Garten in ein Blütenmeer zu verwandeln, das Sie – Monate nach ihrer Niederlandereise – farbenfroh in Erinnerungen schwelgen lässt.

KLOMPEN

Jahrhundertelang haben sie Holzschuhe getragen, heute mögen es die Niederländer aber etwas bequemer – und dennoch werden die als „Klompen" bezeichneten Schuhe sofort mit den Niederlanden in Verbindung gebracht. So ist es nicht verwunderlich, dass sie zum Sortiment eines jeden guten Souvenirgeschäfts gehören, ob unbemalt, mit holländischer Flagge oder in Delfter Blau. Ein garantiert traditionell gefertigtes Paar bekommen Sie beispielsweise in Zaanse Schans und in der Holzschuhwerkstatt De Vriendschap in Volendam.

DIE NACHTWACHE

Die Niederlande haben viele Maler von Weltruf hervorgebracht. Als einer der größten seiner Zunft zählt aber Rembrandt. Wer von einem seiner bedeutendsten Werke, „Die Nachtwache", nicht genug bekommt, kann zu Hause die aufwendige Dokumentation und Restaurierung des Gemäldes live weiterverfolgen (www.rijksmuseum.nl/en/nightwatch).

HAGELSLAG

Marmelade, Honig oder Schokocreme sind bei uns die beliebtesten Zutaten für ein süßes Frühstück. Für die Holländer ist es Hagelslag: Schokostreusel, die man direkt aus der Packung auf ein mit Butter bestrichenes Brot oder Brötchen streut. Unverzichtbar für ein Frühstück, das Urlaubserinnerungen weckt.

»ES IST EBENSO INTERESSANT UND SCHWER, ETWAS GUT ZU SAGEN, WIE ES GUT ZU MALEN IST.«

Vincent van Gogh

STRANDLUST

Meeresrauschen, Sand zwischen den Zehen, eine ständig wehende Brise und ein weiter Blick bis zum Horizont – so fühlt sich der Sommer an Hollands Küsten an. Oder darf es etwas mehr Dramatik sein? Ein aufgewühltes Herbstmeer mit Schaumkronen, Sturm, gegen den man sich stemmen muss. Unvergessliche Impressionen bleiben Ihnen immer. Übrigens: Die schönsten Strände haben wir auf den Inseln gefunden.

FAHRRADLAND

Während andere noch von der Verkehrswende träumen, haben sie die Niederlande schon längst vollzogen. Breite, separate Radwege in den Innenstädten und auf dem Land, eigene Ampeln und Vorfahrt für Radfahrer machen hier eine Tour mit dem „fiets“ zum reinsten Vergnügen. Da ist der gute Vorsatz schnell gefasst, auch zu Hause mal wieder öfter zu radeln – und zwar am besten ganz „lekker“, also mit viel Spaß und Gemütlichkeit.

DELFTER BLAU

Für eine echt antike Delfter Keramik, verziert mit Dekor in klassischem Blau, müssten Sie wahrscheinlich weit mehr als die Urlaubskasse plündern. Etwas erschwinglicher sind die Fayencen von Royal Delft, dem einzigen Unternehmen, das die Tradition am Leben erhält. Aber selbst günstigere Repliken, die den Originalen oft zum Verwechseln ähnlich sehen, geben in heimischen Vitrinen eine gute Figur ab.

EIN GUTER TROPFEN

Holländischer Wein? Ja, den gibt's! Immerhin rund 150 Winzer produzieren alljährlich rund 900 000 Liter des Rebensafts. Die meisten haben ihre Weinstöcke im sandigen Gelderland um Groningen sowie um Limburg und Maastricht. Eine empfehlenswerte Adresse ist Wijngaard De Apostelhoeve bei Maastricht (www.apostelhoeve.nl).

PRO GRAMM

FRANKREICH SÜDWESTEN OKZITANIEN

Eine faszinierende Vielfalt zeichnet die südfranzösische Region zwischen der Rhone und der Grenze zu Spanien aus mit nahezu unberührten Landschaften wie den Cevennen und tollen Städten wie Toulouse und Montpellier.

Die schönsten Bastiden
Kennen Sie Aigues-Mortes, Mirepoix oder Najac? Nein? Müssen Sie kennenlernen. Es sind mittelalterliche Städtchen von unglaublichem Reiz.

www.dumontreise.de

NORDSEEKÜSTE SCHLESWIG-HOLSTEIN

Platt ist das Land
In Dithmarschen, auf der Eiderstedter Halbinsel, in Nordfriesland, auf Sylt, Amrum und Föhr, auf Pellworm, Nordstrand und natürlich auf den Halligen.

Genussmomente am Meer
Ein kaltes Bier mit den Füßen im warmen Sand, deftiger Pannfisch in den Dünen, ein Cocktail zum Sunset am Kliff – die schönsten Locations für Genussmomente.

LIEFERBARE AUSGABEN

DEUTSCHLAND
207 Allgäu
216 Altmühltal
220 Bayerischer Wald
180 Berlin
162 Bodensee
217 Brandenburg
175 Chiemgau, Berchtesg. Land
237 Dresden, Sächsische Schweiz
152 Eifel, Aachen
157 Elbe und Weser, Bremen
168 Franken
020 Frankfurt, Rhein-Main
112 Freiburg, Basel, Colmar
231 Hamburg
026 Hannover zw. Harz und Heide
042 Harz
023 Leipzig, Halle, Magdeburg
210 Lüneburger Heide
188 Mecklenburgische Seen
038 Mecklenburg-Vorpommern
033 Mosel
190 München
047 Münsterland
223 Nordseeküste Schleswig-Holstein
006 Oberbayern
161 Odenwald, Heidelberg
035 Osnabrücker Land
002 Ostfriesland
164 Ostseeküste Mecklenburg-Vorpommern
154 Ostseeküste Schleswig-Holstein
201 Pfalz
040 Rhein zw. Köln und Mainz
185 Rhön
186 Rügen, Usedom, Hiddensee
206 Ruhrgebiet
149 Saarland
182 Sachsen
159 Schwarzwald Norden
045 Schwarzwald Süden
018 Spreewald, Lausitz
008 Stuttgart, Schwäbische Alb
239 Sylt, Amrum, Föhr
204 Teutoburger Wald
170 Thüringen
037 Weserbergland

BENELUX
156 Amsterdam
011 Flandern, Brüssel
179 Niederlande

FRANKREICH
177 Bretagne
021 Côte d'Azur
032 Elsass
228 Frankreich Südwesten Okzitanien
240 Französische Atlantikküste
019 Korsika
213 Normandie
235 Paris
198 Provence

GROSSBRITANNIEN/ IRLAND
187 Irland
202 London
189 Schottland
227 Südengland

ITALIEN/MALTA/ KROATIEN
181 Apulien, Kalabrien
211 Gardasee
222 Golf von Neapel, Kampanien
163 Istrien, Kvarner Bucht
215 Italien, Norden
233 Kroatische Adria
167 Malta
155 Oberitalienische Seen
158 Piemont, Turin
014 Rom
165 Sardinien
003 Sizilien
203 Südtirol
039 Toskana
232 Venedig, Venetien

GRIECHENLAND/ ZYPERN/TÜRKEI
034 Istanbul
016 Kreta
176 Türkische Südküste, Antalya
229 Zypern

MITTEL- UND OSTEUROPA
236 Baltikum
208 Danzig, Ostsee, Masuren
169 Krakau, Breslau, Polen Süden
044 Prag
193 St. Petersburg

ÖSTERREICH/ SCHWEIZ
192 Kärnten
004 Salzburger Land
196 Schweiz
226 Tirol
197 Wien

SPANIEN/PORTUGAL
043 Algarve
214 Andalusien
150 Barcelona
025 Gran Canaria, Fuerteventura, Lanzarote
172 Kanarische Inseln
199 Lissabon
209 Madeira
174 Mallorca
225 Porto, Portugal Norden
007 Spanien Norden, Jakobsweg
219 Teneriffa, La Palma, La Gomera, El Hierro

SKANDINAVIEN/ NORDEUROPA
166 Dänemark
212 Finnland
153 Hurtigruten
029 Island
200 Norwegen Norden
178 Norwegen Süden
151 Schweden Süden, Stockholm

LÄNDERÜBERGREIFENDE BÄNDE
224 Donau – Von der Quelle bis zur Mündung
112 Freiburg, Basel, Colmar
221 Kreuzfahrt auf der Ostsee

AUSSEREUROPÄISCHE ZIELE
183 Australien Osten, Sydney
109 Australien Süden, Westen
218 Bali, Lombok
195 Costa Rica
234 Dubai, Abu Dhabi, VAE
160 Florida
205 Iran
027 Israel, Palästina
230 Kalifornien
031 Kanada Osten
191 Kanada Westen
171 Kuba
238 Marokko
022 Namibia
194 Neuseeland
041 New York
184 Sri Lanka
048 Südafrika
012 Thailand
046 Vietnam